Dedico este livro a

*Casais saudáveis não são perfeitos
Mas seres humanos em construção
Sabem que ninguém muda ninguém
Entendem que toda mente é um cofre e que
Não há mentes impenetráveis, mas chaves erradas.
Usam ferramentas diárias para se reinventar
Distribuem elogios e promoções diariamente
Sabem surpreender e encantar a quem amam.*

AS REGRAS DE OURO DOS CASAIS SAUDÁVEIS

3ª edição

AUGUSTO CURY

AS REGRAS DE OURO DOS CASAIS SAUDÁVEIS

UM FASCINANTE PROGRAMA PARA
DESENVOLVER A EMOÇÃO

# Academia

Copyright © Augusto Cury, 2011
Copyright © Editora Planeta do Brasil, 2020
Todos os direitos reservados

Preparação de texto: Renato Potenza
Revisão: Carla Mello Moreira, Paula Thomaz e Rebeca Michelotti
Diagramação: Anna Yue e Francisco Lavorini
Capa: Rafael Brum
Imagem de capa: Marzufello/Shutterstock e OGphoto/Getty Images

Dados Internacionais de Catalogação na Publicação (CIP)
Angélica Ilacqua CRB-8/7057

Cury, Augusto
   As regras de ouro dos casais saudáveis / Augusto Cury.
– 3. ed. – São Paulo : Planeta do Brasil, 2019.
184 p.

ISBN: 978-85-422-1784-1

1. Casais – Aspectos psicológicos 2. Relação homem-mulher
I. Título

19-2670   CDD 158.24

Índices para catálogo sistemático:
1. Relações humanas : Casais : Psicologia

2020
Todos os direitos desta edição reservados à
EDITORA PLANETA DO BRASIL LTDA.
Rua Bela Cintra, 986 – 4º andar
01415-002 – Consolação – São Paulo-SP
www.planetadelivros.com.br
faleconosco@editoraplaneta.com.br

SUMÁRIO

Prefácio   9

1ª REGRA DE OURO
*Compreender minimamente a
complexidade da mente humana*   13

2ª REGRA DE OURO
*Saber que a intencionalidade não muda a
personalidade*   35

3ª REGRA DE OURO
*Compreender os vários tipos de solidão e as
armadilhas das relações sociais*   47

4ª REGRA DE OURO
Saber que ninguém muda ninguém   65

5ª REGRA DE OURO
Romper o cárcere do fenômeno bateu-levou   85

6ª REGRA DE OURO
Romper o cárcere da rotina   99

7ª REGRA DE OURO
Ser simpático   119

8ª REGRA DE OURO
Ser carismático   127

9ª REGRA DE OURO
Ser empático   141

10ª REGRA DE OURO
Saber que toda mente é um cofre   149

Conclusão   173
Referências bibliográficas   177

PREFÁCIO

Ser individualmente inteligente não quer dizer construir uma relação inteligente e saudável. Pessoas cultas podem construir uma relação irracional, falida emocionalmente, saturada de atritos, destituída de sensibilidade e troca. Casais saudáveis se amam com um amor inteligente e não apenas com a emoção. Quem apenas usa o instrumento da emoção para sustentar o relacionamento corre o risco de ver seus sentimentos flutuando entre o deserto e as geleiras. Num momento, a pessoa vive as labaredas da paixão, noutro vive os glaciares dos atritos. Num período trocam juras de amor, noutro trocam golpes de ciúmes. Hoje são dóceis como os anjos, amanhã são implacáveis como carrascos.

A relação desinteligente é intensamente instável, enquanto a relação saudável, ainda que golpeada por focos de ansiedade, tem estabilidade. A relação desinteligente é saturada de tédio, enquanto a saudável tem uma aura de aventura. Na relação desinteligente, um é perito em reclamar do outro, enquanto, na relação saudável, um se curva em agradecimento ao outro.

Na relação desinteligente, os atores são individualistas, pensam somente em si, enquanto, na saudável, os partícipes são especialistas em procurar fazer o outro feliz. Na relação doente se cobra muito e se apoia pouco, na saudável se doa muito e se cobra pouco. Que tipo de casal você forma: saudável ou doente, inteligente ou desinteligente?

Casais inteligentes têm uma mente madura, atentam ao essencial, à grandeza do afeto, à notoriedade do diálogo, ao espetáculo do respeito mútuo, enquanto casais desinteligentes valorizam o trivial, brigam por tolices, dissipam sua energia psíquica com pequenos estímulos estressantes, são rápidos em se acusar e lentos para se abraçar.

Casais inteligentes enriquecem o território da emoção, valorizam o que o dinheiro não pode comprar, enquanto casais desinteligentes, mesmo quando enriquecem, empobrecem. Como? Empobrecem dentro de si, pois dão importância excessiva àquilo que o dinheiro consegue conquistar e não a si mesmos.

Casais inteligentes mapeiam e domesticam os vampiros emocionais que sugam sua alegria, espontaneidade e romance, enquanto casais desinteligentes escondem os fantasmas nos porões de sua mente. Você é um especialista em apontar falhas ou em apontar os acertos de quem ama? Você mapeia sua irritabilidade, medos, manias, sofrimento por antecipação ou trancafia os fantasmas psíquicos em sua mente?

Conviver com pessoas é uma das tarefas mais complexas e saturadas de aventura da agenda humana. Nada produz tantas alegrias e nada fomenta tantas dores de cabeça. Animais não nos frustram, mas pessoas caras podem nos decepcionar muitíssimo. Animais não nos ferem, a não ser fisicamente, mas pessoas que amamos podem nos ferir nas raízes de nossa emoção.

PREFÁCIO

Animais não nos apequenam, não nos dominam nem nos excluem, mas as pessoas em que apostamos tudo que temos, como nosso parceiro ou parceira, filhos, alunos, amigos, podem invadir a nossa psique e fragmentar nosso sentido existencial, imprimir culpa, fazer chantagens, deixar-nos sentindo inúteis. Nós também, mesmo sem perceber, podemos traumatizar quem mais amamos.

As regras de ouro dos casais saudáveis expostas neste livro pertencem à teoria da inteligência socioemocional (multifocal) que utilizei em mais de 20 mil sessões de psicoterapia e consultas psiquiátricas ao longo da minha carreira como profissional de saúde mental e como pesquisador do processo de construção de pensamentos, formação do Eu, papéis conscientes e inconscientes da memória, educação da emoção e formação de pensadores.

Essas regras pretendem dar um norte, rever rotas, treinar nossas habilidades, reciclar nossas loucuras, refundar alguns alicerces da relação. Mas, como veremos, essas regras não são rígidas, rápidas e muito menos mágicas. Entretanto, se aplicadas sistematicamente, elas podem ser eficientes. Além disso, as regras são universais e pelo menos grande parte delas pode e deve ser aplicada por todos os casais, de todas as idades, povos, culturas e nível acadêmico.

Permita-me dar um exemplo de sua universalidade. Certa vez fui visitar a região amazônica. Fiquei sabendo que alguns membros de uma tribo indígena, com destaque para o cacique, liam minhas obras. Ao conversar com ele fiquei surpreso ao constatar a operação de certas ferramentas psicológicas. Disse-me que aprendeu que os fantasmas da emoção são mais perturbadores que os inimigos da floresta. E que, se não aprendesse a dominá-los, ele não poderia dirigir bem seu povo. Ele encontrou e treinou algumas regras de ouro para ter uma mente mais livre e saudável. Descobriu que os maiores sabotadores de nossa qualidade de vida estão dentro de nós. Podemos ser livres por fora, mas algemados em nossa emoção. Muitos intelectuais nas universidades nunca fizeram essa descoberta.

Jamais devemos esquecer que as regras socioemocionais de "ouro" devem ser trabalhadas e treinadas diariamente como ferramentas pelo Eu. Todas as técnicas que produzem efeitos rápidos costumam ser inconsistentes, ineficazes, sem durabilidade. Uma relação saudável e inteligente precisa de uma nova agenda, uma estratégia prolongada e vivenciada ao longo de semanas, meses e anos. Mas os resultados podem ser fascinantes. Romper o cárcere da rotina e se abrir às surpresas é ter um romance com a vida.

Dr. Augusto Cury

1ª REGRA DE OURO DOS CASAIS SAUDÁVEIS

COMPREENDER MINIMAMENTE A COMPLEXIDADE DA MENTE HUMANA

O tijolo básico das ciências humanas

Não há como falar de relações saudáveis ou doentias sem entender minimamente o tijolo básico da psicologia e de todas as ciências humanas, o fenômeno mais complexo: o pensamento! Conhecer quem somos, pelo menos minimamente, muda a nossa maneira de ser, reagir e nos relacionar. Entretanto, a maioria dos casais mora em residências, mas desconhece a sala de estar da sua mente – quem dirá do seu parceiro. São dois amantes desconhecidos, que não poucas vezes se assustam quando moram juntos.

Sem o estudo sistemático e detalhado do átomo, a física e a química não dariam saltos surpreendentes na sua produção de conhecimento e na promoção de novas tecnologias. Ficaria na infância. Sem o estudo da célula, a biologia, a medicina e a agricultura, por exemplo, ficariam também na sua meninice, sem produzir qualquer conhecimento que impactasse a saúde e a produção de alimentos. Infelizmente a psicologia, a sociologia, a psicopedagogia, as ciências jurídicas, a filosofia, enfim as ciências humanas, não estudaram sistematicamente seu "átomo", sua "célula", seu tijolo básico: o pensamento.

O pensamento é o instrumento fundamental para interpretar, julgar, analisar, construir, excluir, incluir, doar-se, ser egoísta, ser seguro, fóbico, alegrar-se, entristecer-se, amar, odiar. Pensadores brilhantes, como Sartre, Freud, Jung, Adler, Skinner, Roger, Piaget, Kant, Hegel e Descartes, não tiveram a oportunidade de estudar sistematicamente o pensamento e usaram-no como um tijolo pronto para edificar teorias sobre a formação da personalidade, dos traumas, das relações sociais, do processo de aprendizado, inclusive sobre o ser humano como agente sociopolítico.

Atualmente, nas neurociências, há a preocupação de estudar o pensamento. Mas uma coisa é estudá-lo do ângulo neuronal, metabólico-cerebral; outra é estudá-lo do ângulo intrapsíquico e psicossocial. Vejamos algumas indagações fundamentais.

O que é o pensamento? Qual é sua natureza? Ele é real ou virtual? O pensamento incorpora ou não a realidade do objeto pensado? Será que um psiquiatra ou psicólogo experiente consegue atingir a realidade intrínseca do pânico, da ansiedade ou do humor depressivo dos seus pacientes ou ambos estão em mundos intransponíveis? Veja que as respostas a essas questões mudam grande parte do que sabemos sobre nós. Observe a seguir outras indagações igualmente fundamentais.

Quais são os limites e a validade do pensamento? Como ele se constrói? Quais são os tipos de pensamento? A educação liberta todos os tipos de pensamento ou vicia seus alunos nos pensamentos mais pobres? Que fenômenos psicológicos estão envolvidos em sua construção? Somos livres para pensar ou a liberdade é uma falsa ilusão das sociedades democráticas? Novamente, as respostas a essas perguntas podem virar de cabeça para baixo as ciências humanas. Infelizmente, por não termos estudado o tijolo básico da mente humana, estamos, na melhor das hipóteses, apenas na adolescência científica. Tive o privilégio de passar décadas produzindo uma teoria sobre esse tijolo vital e pelo menos os meus paradigmas e os meus preconceitos foram virados de cabeça para baixo.

Vejamos mais alguns questionamentos. Quando um casal discute entre si, eles estão discutindo sobre a essência de sua emoção e intelecto ou estão falando de si mesmos? Um parceiro, ao usar as matrizes do seu raciocínio, incorpora a realidade das necessidades e angústias de sua parceira? Ou eles vivem invariavelmente solitários dividindo o mesmo teto? Uma parceira, quando ama seu parceiro, de fato ama a essência dele, ou ama a si mesma, ou melhor, ama o outro refletido em si?

Tive o privilégio de produzir mais de 3 mil páginas sobre o pensamento, sua natureza, seus processos intrincados de construção, seus limites, seu gerenciamento, bem como sobre os fenômenos conscientes e inconscientes envolvidos. A teoria da Inteligência Multifocal, que abarca essa produção de conhecimento, não dá obviamente todas as respostas. No entanto, as respostas às inquietantes perguntas que fiz há pouco, ainda que limitadas, são também inquietantes.

Permita-me neste livro tratar das regras de ouro de forma mais direta e informal, como se fosse um processo psicoterapêutico. Sempre questionarei o leitor, mas entenda que, toda vez que eu utilizar a palavra "você", estarei questionando também a mim mesmo. Todos nós temos fragilidades, limitações, incoerências e uma necessidade vital de correção de rotas.

Tendo alguns milhões de leitores ao redor do mundo e muitos alunos utilizando a minha teoria, seja na grade curricular da graduação e pós-graduação, seja na especialização, mestrado ou doutorado, falarei com ousadia sobre a construção das relações humanas num texto que não será grande em extensão, mas que pode impactar nossas falsas crenças, evidenciar nossas falhas e afetar nossa história.

Atualmente, apesar de ter escrito mais de 35 livros, grande parte da teoria ainda permanece inexplorada. Embora alguns fenômenos que descrevo na maioria das obras, como o fenômeno RAM (registro automático da memória) e janelas da memória, sejam básicos e estejam sempre aparecendo em novas aplicações, pouco a pouco vou tirando dos porões da teoria novos textos para os meus livros.

Por isso, tenho publicado muito. E, considerando os textos inéditos, ainda tenho muito a publicar. Contribuir de alguma forma com a humanidade me anima. Apesar de escrever com frequência, não o faço de qualquer maneira, procuro lapidar as palavras. Escrevo e reescrevo de cinco a dez vezes cada texto de cada obra. Tenho o prazer de escrever, ter tempo de escrever num avião, sentado num aeroporto, esperando numa alfândega, no fim da madrugada e nos períodos previsíveis.

Procuro ser tão detalhista que sei, inclusive, quando meus editores mudaram o sentido de uma frase ou usaram um verbo ou uma expressão que não costumo utilizar. Eles sabem que tenho preocupação com as palavras, pois elas, se não bem empregadas, podem ser cárceres para os pensamentos. Imagine as dores de cabeça que as traduções para outras línguas podem trazer.

Uma fronteira surpreendente

O universo do pensamento talvez seja a última e mais complexa fronteira da ciência, pois tudo o que produzimos ou criamos, seja uma produção científica, filosófica ou existencial, é fruto do ato de pensar. Estudar e teorizar sobre essa última fronteira do conhecimento não me exaltou, ao contrário, me apequenou, implodiu meu orgulho, pois percebi como é fácil construirmos masmorras dentro de nós.

Observe uma delas: a classificação social. Somos superficiais ao nos classificarmos em ocidentais e orientais, brancos e negros, árabes e judeus, celebridades e anônimos, religiosos e ateus. A dança dos fenômenos operados em milésimos de segundos no inconsciente para construir a mais profunda ou a mais irrelevante das emoções e o mais complexo ou o mais banal dos pensamentos torna-nos mais iguais do que jamais imaginamos. Psiquiatras e pacientes são mais próximos do que imaginam. Intelectuais e iletrados têm os mesmos incríveis fenômenos que os tornam seres pensantes.

Ao estudar como nos tornamos *Homo sapiens* a cada momento existencial, uma pergunta fatal salta de nossas mentes: somos livres para pensar e sentir? Você é livre para pensar o que bem entende? Você tem liberdade para sentir o que quer? Todos os dias você pega seu carro ou usa suas pernas ou uma cadeira de rodas e segue rotas para atingir seus alvos. Você segue os circuitos ou rotas que realmente quer? O que você programa foi gestado com liberdade ou você programa suas rotas e seus pensamentos dentro de um escopo limitado, dentro de um número de opções reduzidas? A qualidade e a quantidade de pensamentos e emoções que trafegam em sua mente estão plenamente sob o seu controle?

Veremos que não somos tão livres como imaginamos. Haja vista que muitos fazem o velório antes do tempo, sofrem por coisas que não aconteceram sem serem masoquistas. Mas por que eles não têm controle mental? Quando usamos um verbo e o conjugamos tempo-espacialmente, que garantia podemos ter de que realmente queríamos escolher esse verbo e essa conjugação para inseri-los numa cadeia de pensamento? E me questiono: que critérios usei para escolher cada elemento da última pergunta que fiz? E desta pergunta?

Os processos de escolhas das peças que constituem cada pensamento são espantosamente rápidos. Não são conscientes. Mas o resultado é consciente. A formulação das milhares de perguntas que fazemos é um desejo do nosso Eu, que representa nossa capacidade de escolha. Todavia, sem a operação de fenômenos inconscientes, o Eu de um ateu ou de um religioso, de um intelectual arrogante ou humilde, entraria num buraco negro, perder-se-ia dentro de si. Nem sequer se formaria, muito menos exerceria autocontrole.

Quando analisamos o tijolo básico e essencial do psiquismo humano ficamos perplexos. Muitas falsas crenças são desfeitas. Por exemplo, o pensamento é virtual ou real, incorpora ou não a realidade do objeto pensado? Não incorpora. Você não precisa incorporar seu cônjuge ou seu filho em sua mente para construir pensamentos sobre eles. Na esfera da virtualidade você liberta seu imaginário e os constrói. Assim, por ser o pensamento de natureza virtual, resgatamos o passado e desenhamos o futuro, dois tempos inexistentes. Sem entender minimamente esses fenômenos é muito difícil falar das regras de ouro das relações saudáveis sem cair no superficialismo.

Um filme de terror

Construímos personagens diariamente em nosso imaginário, com incrível plasticidade e originalidade, como se fôssemos os mais criativos diretores de cinema, os mais inventivos ficcionistas. Mas ao mesmo tempo, por ser virtual, tudo o que pensamos sobre nós não representa a nossa própria realidade e sim um sistema de intenção que conceitua, discursa e descreve a nossa personalidade. Por isso podemos nos diminuir e fazer o mesmo com os outros, desenvolver ciúmes e inveja, querer retaliar a nós e a quem amamos. Como pensar não incorpora nossa realidade nem a do outro, podemos distorcer drasticamente a vida real. É difícil entender isso, mas espere. Podemos ir entendendo pouco a pouco.

Por ser o pensamento de natureza virtual, corremos o risco de construir um filme de terror, fantasmas emocionais, em nosso psiquismo. Reitero que, por essa razão, desenvolvemos medos, complexo de inferioridade ou de superioridade, reações tímidas ou atitudes autoritárias. Você constrói fantasmas que o assombram em sua mente? Tem sintomas de timidez? O que tira a sua estabilidade emocional? Mesmo profissionais da comunicação são frequentemente vítimas da insegurança.

Portanto, apenas desse breve ensaio sobre a natureza dos pensamentos já extraímos conclusões chocantes, entre elas um dos maiores paradoxos de toda a ciência: o pensamento consciente por ser virtual pode nos libertar para sermos criativos e nos estimular a construir modelos científicos, prever o futuro, resgatar o passado, criar personagens, mas paralelamente também pode nos aprisionar em cárceres surpreendentes. Seja porque somos criadores dos nossos maiores inimigos, seja porque podemos ser carrascos dos outros, diminuindo-os, julgando-os, excluindo-os.

Dívidas com a saúde emocional e com os direitos humanos

Casais inteligentes, se conhecerem minimamente os bastidores da sua mente, terão mais facilidade de reconhecer o que distorce a realidade de seu parceiro, podem ter mais coragem para mapear seus erros e pedir desculpas um ao outro. De outro lado, casais que são completamente leigos sobre sua psique têm mais chances de esconderem suas falhas debaixo do tapete de seus títulos acadêmicos, orgulho, rigidez, neurose de estar sempre certo.

Casais inteligentes, por saberem como é fácil se prender em armadilhas mentais, falam entre si sobre o essencial, trocam experiências de vida, relatam seus sonhos, pesadelos, lágrimas, enquanto casais leigos podem ter mais dificuldade de falar sobre seus conflitos e pesadelos e mais facilidade de falar sobre o trivial: bens materiais, TV, cinema, esportes, problemas dos outros. Você só fala sobre o mundo em que está ou também sobre o universo que é? É provável que mais de 50% dos pais e dos casais nunca falaram profundamente sobre si mesmos. São mundos distantes. Eles têm uma dívida cumulativa com a saúde emocional um do outro.

COMPREENDER MINIMAMENTE A COMPLEXIDADE DA MENTE HUMANA

Os homens, em destaque, têm uma dívida impagável com os direitos humanos das mulheres. Ao longo das eras as mulheres foram tolhidas, feridas, silenciadas, apedrejadas, apequenadas. A violência contra elas, incluindo na atualidade, é sinal da fragilidade dos homens. Os fortes usam a inteligência, os fracos, a agressividade. Com as devidas exceções, as mulheres representam o que temos de melhor na humanidade. São mais generosas, doadoras, éticas, socialmente preocupadas, afetivas.

Quase todos os grandes erros da humanidade foram gestados e cometidos pelos homens, das guerras aos genocídios, da discriminação à competição predatória. Se os homens tivessem estudado minimamente o psiquismo humano entenderiam que diferenças de sexo, raciais, de cor da pele ou culturais jamais diminuiriam a complexidade do psiquismo. A discriminação em todas as suas formas é um câncer social.

Certa vez, dando uma conferência a bordo de um transatlântico na Argentina para cerca de 2 mil profissionais da educação com a participação de diretores de escolas, psicólogos e políticos, a plateia estava tão animada que começou a me fazer uma série de perguntas. Uma educadora idosa e experiente perguntou-me o que eu achava dos gays. Eu devolvi a pergunta. Há gays? Há homossexuais? Abalei a plateia dizendo: "Não, não há homossexuais!". E completei: "Há seres humanos que têm a opção sexual homossexual". Sensibilizados, todos aplaudiram. Mas não busco aplausos. Eu realmente penso isso. Sempre que minhas filhas, quando crianças e adolescentes, falavam a palavra "gay" eu as corrigia. "São seres humanos. Não os diminuam. Não usem nomes pejorativos."

Devido ao fato de o pensamento ser virtual e ser facilmente distorcido pelas variáveis (quem sou, como estou, onde estou, etc.) temos uma tendência enorme de apequenar quem pensa diferente de nós ou tem um modo de vida diferente do nosso. Muitos parceiros diminuem o outro porque não têm o mesmo nível intelectual, rapidez de raciocínio, ousadia, condição financeira.

Importante: quanto à sexualidade, se estudarmos os fenômenos que estão na base do psiquismo humano e que nos tornam seres pensantes, provavelmente chegaremos à conclusão de que em mais de 95% do tempo não há machos ou fêmeas, masculinidade ou feminilidade, mas seres humanos que têm as mesmas necessidades vitais, como superar a solidão, construir relações, trocar experiências, sonhar, criar, ter prazer, aventurar-se, suprir expectativas, ter esperanças, sentir-se acolhido, ter afeto.

Alguns, por não se sentirem felizes como heterossexuais e por terem dúvidas crônicas sobre sua sexualidade ao longo da vida, optam depois de adultos por serem homossexuais. Mas não estabilizam sua emoção e não encontram a tão famosa tranquilidade e felicidade. Não são homossexuais nem heterossexuais. Faltou-lhes uma plataforma de milhares de janelas no portfólio de sua história com milhares de experiências para dar sustentabilidade à sua sexualidade. Em nossa espécie, a sexualidade não depende apenas da carga genética, mas dos modelos masculinos e femininos, dos símbolos, do corpo de vivências, enfim, da historicidade de cada pessoa. Por isso, antes de tudo, uma pessoa deve se definir como ser humano.

Nas milhares de sessões de psicoterapia e consultas psiquiátricas que fiz vi claramente que a sexualidade é importante, mas ser bem resolvido como ser humano é vital. Tratei de pessoas que eram bem resolvidas na cama, mas não na vida. A relação com o parceiro ou parceira era um desastre. Se doar, ser flexível, generoso, carismático, empático, não ser autopunitivo, libertar o imaginário, se aventurar e sonhar são experiências vitais para um ser humano ser bem resolvido e emocionalmente saudável.

Somos, em essência, intrínseca e marcadamente, seres humanos, independentemente de raça, sexo, cor da pele, cultura, nacionalidade, religião. Quem maximiza a sua sexualidade e minimiza a sua humanidade adoece. Quem maximiza a sua nacionalidade e cultura e minimiza a sua essência humana também adoece e adoece os outros. Adolf Hitler e Goebbels foram duas fábricas ambulantes de doenças mentais, além de todas as atrocidades que cometeram.

Se eu tivesse vivido no tempo de Abraham Lincoln e tivesse a oportunidade de aconselhá-lo, não teria aplaudido apenas a libertação de escravos pela Constituição, pois a Constituição jurídica, embora vital, não muda consistentemente a constituição emocional. Cem anos depois, Martin Luther King estava nas ruas americanas lutando pelos direitos civis dos negros. O preconceito que havia sido eliminado nas páginas da Constituição não havia sido abolido nas páginas da mente humana. Se estivesse presente nessa época, aconselharia Abraham Lincoln a fazer uma campanha contínua para mudar o inconsciente coletivo de todos os norte-americanos. E essa campanha não seria: "Respeite-me porque sou negro", mas "Respeite-me porque sou 100% ser humano".

Em minha opinião como teórico da última fronteira da ciência, do processo de construção de pensamentos e de formação do Eu como gestor da mente humana, as lutas pelos direitos humanos não têm de ser em primeiro lugar procurar ser aceito por pertencer a uma minoria, mas por ser 100% ser humano, completamente humano, essencialmente humano. As lutas raciais, religiosas, a rejeição dos imigrantes, a discriminação contra as mulheres e todas as demais vão continuar existindo enquanto não aprendermos a pensar como humanidade. Mudar a base das janelas da memória nos solos da psique é mudar a maneira de pensar.

Você pode não concordar com a opção e o comportamento das pessoas, mas nas sociedades democráticas e livres tem de respeitá-las como seres humanos integrais. Reitero: ninguém tem o direito de diminuir, constranger, apequenar, excluir, a outra raça, cor, condição física, opção sexual, religião ou ideologia filosófica. Quem o faz não é digno de maturidade. É uma criança, ainda que tenha status de intelectual. É pobre, ainda que seja um milionário. É frágil, ainda que tenha poder sociopolítico.

De todos os lugares em que se praticam injustiças e se imprimem sofrimentos, o ambiente familiar é o mais insuspeito e o mais comum. Parceiros que levantam a voz, pressionam e constrangem o outro se encaixam no rol dessa infâmia. Estão aptos para conviver com máquinas, mas não para construir um romance saudável. Respeitar não quer dizer se calar. Nas sociedades livres, temos o direito de expor e não impor as ideias. Regule seu tom de voz, regule a pressão nas palavras, fale regrado pelo afeto. Se não formos capazes de falar com gentileza, é melhor ficarmos calados.

Um ser humano sem fronteiras

O homem que dividiu a história da humanidade, tão conhecido religiosamente e tão desconhecido em sua psicologia, respeitava tanto as pessoas como seres humanos integrais que foi capaz de dar a uma prostituta o status de rainha. Quando foi indagado sobre sua identidade há dois milênios, ele respondeu de forma surpreendente por dezenas de vezes que era o filho da humanidade (filho do homem). Pense nessa incrível expressão psicossociológica!

Ele quis dizer: "Não me coloquem rótulos, não me encerrem num feudo, não me sequestrem numa casta, meu romance é com a humanidade". Ele considerava os que viviam à margem da sociedade como nobres seres humanos. Você tem um caso de amor com a espécie humana?

Muitos me perguntam qual é a minha religião e qual meu partido político. Eu respeito e tenho amigos de todas as religiões e admiro os que as seguem com inteligência e altruísmo. Também respeito os partidos políticos que rompem o cárcere do egocentrismo e imediatismo, o que é raro, e pensam a médio e longo prazo. Mas, assim como fez o maior educador da história, peço-lhes por favor que não me coloquem rótulos. Fui um dos maiores ateus da história e, depois de estudar critica e detalhadamente a inteligência de Jesus sob o ângulo das ciências humanas e não sob o foco da religião, fiquei perplexo. Ele tinha um projeto claríssimo de educar a emoção e formar pensadores.

Depois dessa análise acurada percebi que ele não poderia ter sido concebido pelo imaginário humano. Tornei-me um cristão sem fronteiras. Mas não defendo uma religião ou um partido político. Defendo a prática das funções mais complexas da inteligência, como colocar-se no lugar dos outros, pensar antes de reagir, a solidariedade, a generosidade, o gerenciamento dos pensamentos. Sou um ser humano sem fronteiras. *Minha pátria é a Terra e meu partido político é a humanidade. Reitero: sou um ser humano sem fronteiras.* E, se você defende sua religião e seu partido político como excelente opção, ótimo. Mas, por favor, peço-lhe que também seja um ser humano sem fronteiras, respeite os diferentes como seres humanos integrais. Exponha e não imponha suas ideias. As religiões podem ser fontes de saúde psíquica ou de doenças mentais se não houver tolerância, acolhimento, diálogo pleno, afetividade sólida, troca de experiências, capacidade de reconhecer erros, mapear os conflitos e superá-los. Não há "milagres" na mente humana como muitos religiosos pensam. Para superar nossos transtornos psíquicos faz-se necessário reescrever as janelas da memória, reeditar o filme do inconsciente, equipar o Eu como gestor e líder da psique. Por isso as regras de ouro das relações saudáveis aqui expostas são ferramentas intelecto-emocionais para um treinamento contínuo. Sem treinamento os textos são ineficazes. Igualmente os partidos políticos, as empresas e as instituições podem ser fontes de doenças mentais se não incorporarem essas funções da inteligência socioemocional.

Infelizmente, mais de 90% das pessoas que têm algum tipo de poder, seja ele financeiro, intelectual, político, religioso ou por ser uma celebridade, não são dignas do poder que têm. O poder as apequena, nutre os fantasmas que hibernavam nos porões da sua mente com a necessidade neurótica de controlar os outros, de estar sempre certo e de se evidenciar socialmente. O poder as infantiliza. Leva-as a se autopromover e não a promover a humanidade.

O *Freemind*: programa de prevenção

A família, essa velha e vital instituição, também pode ser um oásis de tranquilidade ou um manancial de estresse. Infelizmente, as famílias com frequência têm sido uma fonte de ansiedade. Milhões de pais e filhos se tornaram apenas um grupo de estranhos que dividem o mesmo espaço. Desconhecem as angústias e lágrimas que cada um chorou e sofreu e menos ainda as que nunca tiveram coragem de encenar no teatro do rosto.

Sabe quantas pessoas desenvolverão um transtorno psiquiátrico ao longo da vida? Algumas estatísticas internacionais apontam que uma em cada duas, ou seja, mais de 3 bilhões de seres humanos. Um acidente psicossocial sem precedentes na história. Um número assombroso. É injusto ver as pessoas adoecerem para depois tratá-las. A minoria vai se tratar e a minoria da minoria terá o privilégio de encontrar e pagar por um bom psiquiatra e psicólogo para ajudá-la a superar seus cárceres psíquicos.

Preocupado com o adoecimento coletivo da humanidade, desenvolvi o *Freemind* (Mente Livre), um programa global de prevenção de transtornos psíquicos e desenvolvimento da inteligência socioemocional. Para quem ele se dirige? Para todos os povos e culturas e está disponibilizado gratuitamente. O *Freemind* contém doze ferramentas que ensinam como filtrar estímulos estressantes, reeditar as janelas da memória, proteger a emoção, ser autor da própria história, etc. Já o lancei nos Estados Unidos, Brasil, Dubai e Israel e ele foi recebido com grande entusiasmo. E sua aplicabilidade tem mostrado resultados fascinantes.

Desenvolvi o *Freemind* ao longo de quinze e extenuantes anos e renunciei aos seus direitos autorais para que universidades, hospitais, empresas, religiões, partidos políticos e famílias possam ter acesso livre a ele. É um programa preventivo e nunca substitutivo do tratamento, embora possa ser usado como complementar quando o transtorno psíquico já está instalado. Ele materializa algumas das regras de ouro deste livro. Espero que muitos casais utilizem suas ferramentas.

Universidades inteiras já se movimentam para usar o programa na grade curricular em todos os seus cursos, para que seus alunos tenham mais chances de ser saudáveis numa sociedade altamente estressada, saturada de informações, viciada em celulares e redes sociais, mas desconectada de si mesma e que não sabe minimamente domesticar sua ansiedade.

Estamos disponibilizando e licenciando gratuitamente o *Freemind* não apenas para as universidades, mas também para as mais diversas religiões, como católica, protestante, islamita e budista, para que seus membros aprendam minimamente a proteger sua emoção e gerir sua mente. Alegro-me em saber que algumas religiões estão imprimindo o *Freemind* acoplado aos seus textos sagrados.

Sonho que as religiões se tornem cada vez mais fontes de saúde mental. Sonho ainda que muitos casais, médicos, professores, executivos e profissionais das mais diversas áreas sejam embaixadores desse programa, que é um projeto da humanidade, talvez o primeiro do gênero no mundo. Ele é muito fácil de ser aplicado. Reúna seus grupos e faça uma vez por semana um debate de cada regra de ouro para produzir qualidade de vida. Muitos vão às lágrimas ao participar dos debates.

Os egoístas e egocêntricos são dignos de compaixão, não são saudáveis, contraem a estabilidade e a profundidade emocional. De que adianta ser o mais rico de um cemitério, o mais abastado atolado na lama do mau humor, o mais bem-sucedido afogado nas águas da ansiedade?

Contribuir com nosso parceiro, filhos, alunos, amigos, colegas e a sociedade em que vivemos é vital para que possamos ser saudáveis e estáveis. Investir no outro é uma forma excelente de ser *Freemind*, de ter uma mente livre. Você é um ser humano *Freemind*?

Partidos políticos *versus* Partidos emocionais

Sabe aqueles casais em que um morre de ciúmes do outro e parece que os dois se bastam e não há espaço para mais nada? Parecem muito amorosos e apegados, mas sugam tanto um ao outro que cedo ou tarde terão a chance de deflagrar a Terceira Guerra Mundial no microcosmo da sala de casa. Pouco a pouco se tornam peritos em atritar, discutir, brigar e cobrar um do outro.

O amor para ser estável tem de ser altruísta, tem de ser doador tanto para o outro quanto para a sociedade. O amor egoísta não se sustenta. É forte como as ondas, mas morre na praia das dificuldades, das crises e da rotina. Casais que só veem o próprio umbigo e os próprios problemas e não enxergam as necessidades dos outros à sua volta estão desmoronando sem saber.

Nos bastidores da mente humana, os mesmos fenômenos que adoecem os casais adoecem também os políticos. Parece estranho, mas há um paralelismo interessante entre casais falidos e partidos políticos destrutivos. Muitos políticos começam a carreira bem-intencionados, mas com o tempo chafurdam na lama do egoísmo e egocentrismo, perdendo de vista seu ideal. Não sabem exaltar planos e metas dos adversários. Não poucos torcem pela derrota dos programas dos opositores, ainda que não confessadamente, para ganhar posições no próximo pleito. E se vencem as eleições raramente aplaudem os projetos em andamento da oposição e dão continuidade a eles. O ciúme psicossocial os controla. Quem não sabe exaltar as caraterísticas nobres dos opositores não está minimamente preparado para governar sua mente e muito menos seu povo.

Do mesmo modo, os casais começam a relação muitíssimo bem-intencionados. Um quer fazer o outro feliz, contribuir com ele, dar o melhor de si para o companheiro. Mas com o passar do tempo não exalta mais as características nobres do parceiro, perde a paciência com facilidade, começa a competir sutilmente e a espezinhar o outro. Sem que percebam, eles formam pequenos partidos políticos dentro de casa.

Quando eu expor, mais adiante, a teoria das janelas da memória alojadas no córtex cerebral, veremos que grande parte das disputas políticas irracionais bem como das disputas predatórias entre casais, enfim das relações doentias, poderia ser resolvida se os atores sociais aprendessem diariamente a conquistar primeiramente o território da emoção para só depois se voltar ao território da razão, a elogiar antes de criticar seus pares, a exaltar os valores antes de apontar os defeitos. Eles abririam o circuito da memória de quem pretendem corrigir. Deixariam de ser "adversários" e passariam a ser colaboradores.

Parceiros e parceiras, por não conhecerem a primeira regra de ouro – o funcionamento básico da mente humana e os sofisticados cárceres psíquicos –, se tornam competidores vorazes pela melhor opinião. Querem ganhar discussões e não o coração. Querem vencer o pleito das disputas sobre como resolver seus problemas conjugais e questões financeiras, sobre como educar os filhos. Seu romance está doente.

Você conhece casais que parecem partidos políticos, que vivem se digladiando, querendo impor suas ideias, onde um tem grande dificuldade de torcer e aplaudir o outro? Na minha percepção, mais de 90% dos casais se tornam pouco a pouco partidos políticos, muitos da pior espécie, pelo menos em alguma parte do seu dia. Observe os casais que o rodeiam. Observe o relacionamento deles.

O amor inteligente não pode ser uma praça de competição, mas uma praça de generosidade e de investimento mútuo. Quando e o quanto você investiu em seu parceiro nos últimos dias? Você divide a mesma história ou só a mesma cama? Conhece os pesadelos e os fantasmas que mais assombram seu parceiro? A maioria dos casais sequer perguntou um ao outro: o que o tira de seu ponto de equilíbrio? Quais são os vampiros emocionais que sugam sua tranquilidade? Amam-se com um amor extenso como o mar, mas superficial como uma poça de água.

Nos casais desinteligentes, o sucesso de um gera medo, ciúmes e/ou sabotagem do outro, ainda que veladamente. Nos casais inteligentes, o cônjuge bem-sucedido social e financeiramente é aplaudido pelo outro, e não invejado. De outro lado, o cônjuge que teve sucesso é delicado e elegante com o outro, jamais se coloca acima dele ou dela, mas, pelo contrário, exalta nele ou nela aquilo que o dinheiro não compra: seu afeto, apoio, tolerância, paciência. No entanto, infelizmente, não poucas vezes o sucesso notório de um cônjuge precipita a fragmentação do romance.

Permita-me dar um exemplo. É bom trabalhar e ter independência financeira. Mas milhões de mulheres optaram por não trabalhar fora de casa para cuidar de seus filhos. São elas inferiores? De modo algum. Mas não poucas se sentem diminuídas quando perguntadas sobre o que fazem. Sentem-se desprestigiadas em relação ao parceiro ou parceira que trabalha fora. Entretanto, elas deveriam dizer, sob os aplausos do parceiro ou parceira, que administram a mais difícil e complexa empresa, a família. E que sua meta é a mais notável: formar filhos pensadores, formar sucessores capazes de construir um legado e não herdeiros imediatistas que exploram os pais e vivem à sombra deles.

Mas e as mulheres que trabalham fora, elas deveriam se sentir culpadas por ter pouco tempo para educar seus filhos? Jamais. O sentimento de culpa tornar-se-á um vilão que tirará o oxigênio da criatividade das mães e dos pais superocupados, impedindo-os de plantar janelas saudáveis, ou *light*, para promover as funções mais notáveis da inteligência, como pensar antes de reagir, exercer a resiliência e colocar-se no lugar dos outros. Cuidado!

Claro, o tempo é um fator importante. Deveríamos gerenciá-lo e expandi-lo, mas um dos maiores erros dos casais superatarefados é desperdiçar, se lamentando, o pouco tempo de que dispõem. Faça do pouco tempo momentos solenes, marcantes, inesquecíveis. Desligue a TV, brinque mais, role no tapete, troque experiências e pergunte muito. Seja um garimpeiro que explora um tesouro nos solos de quem ama. *Para irrigar relações saudáveis é preferível ter pouco tempo gasto com profundidade do que muito tempo gasto com banalidades.* Esta obra e o *Freemind* podem dar uma contribuição a essa nobilíssima meta.

Lembre que casais desinteligentes são peritos em competir um com o outro, enquanto casais inteligentes são especialistas em cooperar um com o outro. Casais desinteligentes são peritos em reclamar um do outro, enquanto casais saudáveis são *experts* em agradecer e ver o lado positivo um do outro. Na relação doente há mais cobrança do que apoio, na relação saudável se doa muito e se cobra pouco. Casais inteligentes são sócios dos seus sonhos e projetos e não competidores. O sucesso de um é o júbilo do outro. A pátria deles é o amor e o partido deles é formar mentes livres e emocionalmente saudáveis...

2ª REGRA DE OURO DOS CASAIS SAUDÁVEIS

> **SABER QUE A INTENCIONALIDADE NÃO MUDA A PERSONALIDADE**

Pessoas perfeitas e casais perfeitos inexistem

Saber que a simples motivação ou intenção é incapaz de mudar a personalidade humana é uma preciosíssima regra de ouro e nos faz gastar energia mental de maneira mais racional e inteligente.

Se fizermos uma empreitada para entender minimamente quem somos, descobriremos que não há pessoas perfeitas nem lineares. Nenhuma. Não há casais perfeitos e isentos de acidentes de percurso. Nenhum.

Atritos, frustrações, decepções, desentendimentos, críticas inapropriadas, erros, atitudes débeis, ainda que diminutas, fizeram, fazem e farão parte do cardápio de qualquer romance, inclusive dos mais poéticos e bem-sucedidos. O problema é a intensidade e a frequência desses estímulos estressantes. Sem reciclá-los não há como sobreviver.

Muitos casais ferem um ao outro, mas não reciclam suas atitudes. Eles empurram o lixo que produzem para debaixo do tapete do tempo. Deixam o tempo passar, sem saber que, se por um lado a dor momentânea será aliviada com o tempo, por outro será arquivada por um fenômeno inconsciente (o RAM, registro automático da memória), entulhando a memória. Os traumas arquivados terão grande chance de serem vomitados no próximo embate.

Só tem coragem de reciclar seu lixo social e se reinventar quem se coloca como um ser humano em construção. Casais superficiais se colocam como um romance acabado, que durará para sempre, na tristeza e na alegria, na fartura e na miséria. São ingênuos. Por sua vez, casais saudáveis se posicionam como eternos aprendizes.

Quem não se coloca na posição de um humilde aprendiz torna-se um deus intocável, ainda que seja um menino no território da emoção. Há muitos "deuses" que formam pares com humanos. Ela é doadora e amável e ele é egocêntrico e frio, ela é acolhedora e gentil e ele é julgador e arrogante, e vice-versa. O pior é quando os dois parceiros são deuses, não reconhecem seus erros e jamais abrem mão das suas verdades e posições. São especialistas em apontar o dedo para o outro. Cria-se um inferno emocional para os filhos.

Radicalismo, teimosia, autoritarismo, individualismo, egocentrismo, autossuficiência, hipersensibilidade, necessidade neurótica de mudar o outro, alienação, crítica excessiva são formas de manifestação de uma falsa divindade na humanidade, manifestações de um Eu que não consegue mudar a sua própria história. Ele não cresce diante da dor, não amadurece com suas crises. Surge a aurora e finda o ocaso de cada dia e o Eu, como estudaremos, continua sendo marionete, manipulado pelas janelas traumáticas (que chamaremos de *killer*). Conhece pessoas imutáveis? E o quanto você é mutável?

A carência da inteligência socioemocional levou as sociedades modernas a se converterem numa usina de transtornos emocionais e numa fábrica de deuses. Nas famílias, nas empresas, nas escolas, inclusive nas religiões, há muito mais deuses do que imaginamos. Deuses adoecem a si e ao parceiro. Não poucas vezes começam a construção da relação diferentemente da origem do universo físico: iniciam-na no céu azul do amor, repleto de estrelas, e terminam-na no inferno dos atritos, numa grande explosão, no Big Bang emocional.

Quando as pessoas radicais e difíceis caem do céu para a terra e aprendem a não ter medo das suas lágrimas nem de esquadrinhar suas falhas e loucuras, têm a grande oportunidade de fazer um ponto de inflexão na trajetória existencial, de reescrever sua história e de construir uma relação saudável. Os brutos também amam, mas sofrem e fazem sofrer quem está ao seu lado.

É muito mais confortável e gratificante ser flexível do que radical, doador do que egoísta, promover os outros do que diminuí-los, pedir desculpas do que dar desculpas, enfim reagir como um ser humano socioemocionalmente inteligente do que uma pessoa teimosa e autossuficiente.

Carrasco de terno e gravata

Analise esta história: Um homem de 40 anos, executivo bem-sucedido, casado, com filhos generosos e espertos. Mas desconfia dia e noite de que sua esposa tem a possibilidade de traí-lo. Não permite que ela se aproxime de outro homem e tem a paranoia de que ele a está seduzindo e de que ela está flertando com o outro. Ele a acusa, pressiona e critica diariamente o comportamento dela, fundamentado nas suas fantasias irracionais.

No fundo, por ser um neurótico e não um psicótico, e por ainda não ter perdido os parâmetros da realidade, ele sabe que seus pensamentos fixos e perturbadores são irreais, mas seu Eu não dá um basta neles, não os gerencia. À noite, na cama, o terror aumenta. Ele a pressiona a dizer quais homens ela paquerou. O assédio moral contra ela é tão grande que ela, para aliviar a tortura, conta coisas irreais. Ele esbraveja, mas se excita. E por fim tem relação sexual com a mulher que torturou.

É um deus-carrasco que usa terno e gravata. Perito em criticá-la, mas incapaz de criticar as próprias tolas atitudes e estúpidas ideias. Imagine o sofrimento que essa mulher vivencia. Infelizmente milhões de mulheres sofrem caladas. Deveriam procurar ajuda, mas vivem torturas silenciosas no mundo todo. Psicoterrorismos não ocorrem apenas em países violentos, mas em sociedades modernas e democráticas. Contudo, nos silenciamos sobre eles.

A intencionalidade não muda a personalidade. Desejos de mudanças são insuficientes para reciclar as matrizes da memória e mudar a base do que somos e sentimos. Quando o Eu, que representa a capacidade de escolha e autodeterminação, não reina sobre a psique, não treina todos os dias para dar um choque de lucidez em seus pensamentos perturbadores, a personalidade fica intocável. Grandes sofrimentos se instalam e se perpetuam.

Muitos nem sabem que existem ferramentas para gerenciar seus pensamentos. Por isso, defendo que, nas escolas do mundo todo, deveria haver um programa na grade curricular como o da *Escola da Inteligência* (que comentarei adiante) para prevenir a ansiedade e os transtornos emocionais e desenvolver amplamente as relações sociais.

Veja esta incoerente situação. Quando existe um novo vírus que infecta um, dois ou três indivíduos, isso causa pânico na OMS (Organização Mundial da Saúde), movimentando médicos do mundo todo para prevenir uma nova epidemia. Essa reação é importante? Não há dúvida! Mas há dezenas de milhões de crianças cuja infância está sendo assassinada com o excesso de informações, de atividades, uso de celulares e videogames e raramente alguém entra em pânico.

Certa vez dei uma conferência na Romênia para médicos, psicólogos e professores, a maioria meus leitores. Na Romênia há a famosa região da Transilvânia, onde há muitos séculos um homem empalava seus inimigos, o que fomentou a lenda do Drácula. Não existe, obviamente, vampiros fora de nós. Mas eles existem em nosso psiquismo?

Sim, há muitos vampiros. Fobias, ansiedade, impulsividade, timidez, preocupação excessiva com o que os outros pensam de nós, individualismo, o que impede que tenhamos mente livre e emoção saudável. Domesticá-los e reeditá-los é a responsabilidade de todos os casais, pais, educadores e profissionais inteligentes.

Mas somos seres sensoriais, enxergamos aquilo que salta aos olhos. Não detectamos o intangível, os vampiros emocionais que sugam o melhor de nós e o que nosso parceiro ou parceira, filhos e alunos têm de melhor. Há pessoas agonizando perto de nós e não percebemos. E sequer perguntamos que monstros as asfixiam, que fantasmas as assombram. Desde que elas sorriam por fora, está tudo certo. Gostamos de disfarces.

A intencionalidade não muda a personalidade

A primeira regra de ouro das relações saudáveis é conhecer a complexidade da mente humana e a segunda é conhecer a gritante limitação que temos para mudar quem somos. Como comentei, precisamos ter a convicção de que a intencionalidade não muda a essência intrínseca de como vemos e reagimos aos eventos da vida. Como o pensamento é de natureza virtual, as práxis comuns do Eu, como desejos, vontades e anseios para mudar as fobias, humor depressivo, impulsividade, timidez, irritabilidade, ciúme, não têm eficácia.

Quantas vezes você pensou que seria melhor ter mais paciência e em seguida se estressou? O que é virtual não muda o que é real. O pensamento, portanto, não muda as emoções que são concretas. Por isso, essa obra não é de autoajuda, mas de democratização de ferramentas psicológicas. Se elas forem encaradas como autoajuda, como motivação para mudar, isso será uma perda de tempo, não funcionará. Reitero: pensamentos, ideias, informações, motivações e movimentos de autoajuda têm baixo nível de materialidade na psique, são pouco eficientes porque produzem janelas solitárias no córtex cerebral que não subsidiam o Eu como autor de sua história.

SABER QUE A INTENCIONALIDADE NÃO MUDA A PERSONALIDADE

O que são essas janelas da memória? São territórios de leitura num determinado momento existencial. Elas, como tenho dito, podem ser traumáticas (*killer*), saudáveis (*light*) ou neutras (contendo os dados destituídos de emoção). Pela leitura das janelas, em frações de segundo interpretamos, sentimos, reagimos e percebemos as pessoas e os estímulos do mundo físico, enfim, manifestamos nossa personalidade.

Nos computadores entramos nos arquivos que queremos. Na memória humana isso é impossível. Entramos pelas vielas das janelas. O desafio é abrir o máximo de janelas para dar respostas inteligentes. Se as janelas não se abrem num determinado foco de tensão, podemos falhar numa prova ainda que saibamos toda a matéria, podemos tropeçar nas palavras quando estamos tensos ainda que sejamos eloquentes, podemos machucar quem mais amamos ainda que sejamos generosos.

Por que as intenções ou desejos de mudança têm baixíssimo nível de eficiência? Como afirmei, porque geram janelas *light* solitárias, isoladas na "grande cidade da memória". Por serem solitárias, uma pessoa mal-humorada que tem a intenção de ser mais solta e extrovertida, quando atravessa um foco de estresse e precisa do apoio dessa janela, não a encontra. Assim como não é fácil encontrar uma agulha no palheiro, não é fácil acessar uma janela solitária em meio a milhões delas.

Uma pessoa ansiosa pode, num rompante de indignação contra sua ansiedade, prometer solenemente para si que de hoje em diante será calma. Uma boa promessa. Funcionará? Sim, por uma hora, um pouco mais ou um pouco menos. Quantas tentativas frustradas você fez de mudar suas características doentias? Por que falhamos? Por causa do complô de dois fenômenos inconscientes, hoje estudados na teoria da Inteligência Multifocal: o gatilho da memória e a janela da memória.

Quando a pessoa que prometeu para si que seria calma é contrariada, o primeiro fenômeno a entrar em ação não é o Eu, que representa a capacidade de escolha, mas o gatilho da memória, que foi disparado rapidamente, percorrendo os mais diversos circuitos neuronais. Como a janela *light* em que havia a intenção ou o desejo de ser calmo é rara ou isolada, o gatilho simplesmente não a encontra no "palheiro da memória". Ao contrário, encontrará as janelas traumáticas, ou *killer*, mais frequentes e saturadas de irritabilidade, intolerância às frustrações, reatividade. Portanto, os ataques de ansiedade se reproduzirão.

Contudo, se ela treinar seu Eu todos os dias para trabalhar as ferramentas da inteligência socioemocional, como filtrar estímulos estressantes, gerenciar seus pensamentos, colocar-se no lugar dos outros, ter autonomia, terá grande chance de reeditar as janelas *killer* e construir ao mesmo tempo inúmeras janelas *light* e, desse modo, terá uma plataforma de matrizes saudáveis que serão facilmente acessadas nos focos de tensão. Assim, ela reciclará sua ansiedade.

Portanto, se você é impulsivo e tem a intenção de pensar antes de reagir, se é tímido e tem o desejo de ser seguro, se é hipersensível e pretende não sofrer tanto pelo que os outros pensam de você, se é crítico e tem o intuito de ser tolerante, saiba que o "inferno" emocional está cheio de boas intenções. Seus desejos não bastam. Você precisará treinar seu Eu todos os dias para usar as ferramentas aqui propostas, caso contrário este livro funcionará como entretenimento, mas não terá eficácia na sua história e nas suas relações.

Estratégias vitais

É preciso ambição para se reciclar. Estratégias são necessárias, além de foco e coragem. Toda pessoa intensamente traumatizada e que sonha em se reciclar deve saber que, por mais sucesso que tenha, existe uma grande chance de recair, tropeçar e sentir-se impotente. E ao recair a atitude mais estúpida e que frequentemente tomamos é nos punir. Um Eu autopunitivo é um carrasco de si mesmo, presta um desserviço para a evolução de sua personalidade. Infelizmente somos mais autopunitivos que encorajadores de nós mesmos. Alguns pensam em desistir de tanto que se atormentam e se cobram. Precisam ser mais generosos consigo.

A personalidade não é e nunca foi imutável como alguns profissionais da saúde mental pensam. A construção de pensamentos e emoções expressas nos comportamentos, enfim, da personalidade humana, nutre-se de milhares de janelas da memória com milhões de dados construídos desde o útero materno. Todo esse processo construtivo é influenciado pela carga genética. Se ocorrer uma degeneração cerebral inadequadamente tratada, como o Mal de Alzheimer, poderá haver mudança de humor, perda dos parâmetros da realidade e da identidade do Eu, indicando a mutabilidade da personalidade.

No entanto, em condições normais é fácil mudar a personalidade? Não! Muito provavelmente 99% de nossos desejos de transformar as características que detestamos em nossa psique não têm eficácia. Reafirmo: a intencionalidade não muda a personalidade porque é um ato heroico do Eu que produz janelas isoladas. O Eu deveria ser preparado para reeditar a memória e ser um construtor saudável de "bairros" inteiros de novas janelas nas planícies da memória.

Infelizmente nosso Eu, educado da pré-escola até a pós-graduação para conhecer o mundo exterior e não o planeta psíquico, torna-se frequentemente ingênuo. Crê que intervir na mente é como intervir num programa de computador, mudar os matizes dos dados. Não entende que a mente de qualquer criança é mais complexa que milhões de computadores interligados.

Um Eu que vive de intenções experimenta continuamente o efeito "sanfona", caminha e recua, melhora e piora. Não entende que qualquer característica de personalidade, seja ela saudável ou doentia, está alicerçada em complexas plataformas compostas de milhares de janelas no inconsciente.

Casais que vivem esse heroísmo de tentar se mudar e modificar o outro também vivem o efeito sanfona. Sua relação flutua entre jardins e desertos, primaveras e invernos. Onde estão arquivadas as janelas? Nos neurônios, no lobo frontal, no tálamo, hipotálamo e muitos outros lugares. Mas dizer isso é tão genérico como dizer que há estrelas no céu.

Metaforicamente nosso cérebro é como o universo, com bilhões de galáxias e cada uma com bilhões de estrelas e planetas. A luz que parece vir de um ponto tem sua rota desviada na trajetória. Tal como no universo físico, o universo cerebral tem circuitos e trajetórias tão sofisticadas que é capaz de nos levar a fazer complexos cálculos matemáticos e ao mesmo tempo dar escândalos diante de uma barata. Sem conhecer minimamente quem somos temos grande chance de viver na infância emocional, ainda que com títulos de mestre e doutores. Não teremos estabilidade e sustentabilidade. Flutuaremos.

Algumas ferramentas aqui expostas podem ser revolucionárias para prevenir transtornos psíquicos e construir relações saudáveis, mas devem ser aplicadas todos os dias ao longo de meses e anos. Só para exemplificar, certa vez dei uma confe-

SABER QUE A INTENCIONALIDADE NÃO MUDA A PERSONALIDADE

rência numa bela cidade praiana. Após o evento as pessoas vieram conversar comigo. Mas cinco pessoas chamaram a atenção. Abraçaram-me e choraram na presença de todos os que me circundavam. Não eram lágrimas de desespero ou humor depressivo, mas de alegria, de superação e de agradecimento.

Comentaram que estavam decididas a cometer o suicídio. Algumas já tinham atentado contra sua vida diversas vezes e, infelizmente, tinham feito tratamentos psiquiátricos frustrados. Mas ao ler os textos aprenderam a usar diariamente ferramentas para proteger sua emoção, gerir sua mente e ter um Eu protagonista da sua história. E ao longo dos meses mudaram suas rotas. Membros da Secretaria da Educação que ouviram esses relatos ficaram comovidos. Tenho ouvido centenas ou talvez milhares de histórias de superação como essas. Mas não é meu mérito. O crédito pertence totalmente ao Eu delas. Só tiveram sucesso em reescrever seus dramas porque não tiveram intenções superficiais.

Muitos casais estão dilacerados emocionalmente. Mesmo durante a mais longa tempestade emocional podemos ser treinados, equipados, para desvendar e apressar o mais belo amanhecer. Você domestica os fantasmas das fobias, da compulsão, da impulsividade? Você gerencia sua ansiedade, seu mau humor, seu conformismo? Você trabalha diariamente a impaciência, a intolerância às frustrações e o sofrimento por antecipação? Não há invernos que durem para sempre quando aprendemos a abandonar a condição de vítimas e passamos a reciclar os fantasmas emocionais e reescrever as janelas traumáticas.

3ª REGRA DE OURO DOS CASAIS SAUDÁVEIS

COMPREENDER OS VÁRIOS TIPOS DE SOLIDÃO E AS ARMADILHAS DAS RELAÇÕES SOCIAIS

O *Homo sapiens* e o *Homo socius*

A terceira grande regra de ouro das relações saudáveis toca os fundamentos mais complexos do ser humano como ser social. Na primeira e na segunda regra estudamos alguns fenômenos psicológicos que estão nos bastidores da mente humana, nos solos do inconsciente. Agora vamos estudar alguns fenômenos sociais, suas bases e armadilhas, que estão nos porões escuros das relações humanas.

Todos esses fenômenos deveriam ser estudados com intensidade por cada ser humano, em destaque nas faculdades de medicina, psicologia, sociologia, pedagogia, ciências jurídicas, filosofia, mas infelizmente não são. A maioria dos estudantes sai das universidades pisando não apenas na superfície do planeta psíquico, mas também na superfície do planeta social. Se isso ocorre com profissionais que estudam as ciências humanas, imagine o resto da população. Espero que você perceba que entender o *Homo sapiens* minimamente é fundamental, mas entender as bases que nos transformam em *Homo "socius"* é igualmente vital.

O ser humano consegue viver completamente isolado? É possível viver ensimesmado sem se relacionar com ninguém? Por que procuramos um ao outro, mesmo que as relações sociais anteriores tenham sido uma fonte de estresse e conflitos? O *Homo sapiens* é um ser social apenas pelo exercício da vontade consciente ou há, na intimidade do psiquismo humano, fenômenos que financiam um desejo irrefreável de construir relações sociais e de aproximar os mundos? Consegue um paciente em surto psicótico ter um relacionamento social zerado, encarcerado em seu mundo, ou ele precisa construir personagens em seu imaginário para se relacionar, ainda que estes os atormentem?

Definitivamente precisamos do outro como o sedento procura água! A solidão social sempre foi proclamada em prosa e verso por poetas, ficcionistas, cineastas, psicólogos, psiquiatras, filósofos, religiosos, mas há outros tipos de solidão mais profunda que afetam de forma direta e intensa a mente humana. Além da solidão social, há outros dois tipos que atingem frontalmente o ser humano.

Os três tipos de solidão que abarcam o ser humano

1. A solidão social

A solidão social é a que experimentamos quando pessoas caras se afastam de nós. Filhos podem abandonar os pais. Parceiros podem abandonar um ao outro. Amigos podem cortar as relações de amizade. O público pode deixar uma celebridade. Alunos podem dar as costas ao mestre. Eleitores podem não votar mais em um líder político. Toda solidão é angustiante. Algumas asfixiantes.

Sentir-se socialmente solitário imprime um custo emocional importante. Vaias calam fundo na mente dos vaiados. A exclusão e a discriminação retiram, dos excluídos e discriminados, o oxigênio da alegria e o encanto pela vida. As ofensas removem o solo usado para construir a leveza e a suavidade dos ofendidos.

Procuramos o retorno do dinheiro que aplicamos, do carro que compramos, dos aparelhos que adquirimos, mas, sem que percebamos, o maior de todos os retornos que procuramos é o afeto, a retribuição e o reconhecimento dos outros quando nos doamos. Mas esse retorno nem sempre vem na velocidade e intensidade que desejamos. Por isso, os mais íntimos são os que mais podem nos frustrar, os mais próximos são os que mais podem imprimir as angústias da solidão social.

Você caiu nessa armadilha social? Você sofre quando o retorno não vem na estatura que você acredita que merece? Como digo no livro *Pais inteligentes formam sucessores, não herdeiros*, os sucessores se curvam em agradecimento aos seus pais e mestres, enquanto os herdeiros reclamam de tudo e de todos; os sucessores constroem seu legado, enquanto os herdeiros vivem à sombra dos pais. Formar mentes agradecidas é formar mentes saudáveis. Todavia, preservam muito mais sua emoção os parceiros, os pais, os mestres e os amigos que se doam e ao mesmo tempo aprendem a diminuir a expectativa do retorno. A solidão social abranda-se.

2. A solidão do autoabandono ou intrapsíquica

A solidão do autoabandono é mais penetrante que a primeira, a solidão social. Ela ocorre quando nós mesmos viramos as costas para nossa qualidade de vida, felicidade, sonhos, projetos de vida. É a solidão decorrente de quando traímos nosso sono, nossos finais de semana, nossas férias, e nos transformamos em máquinas de atividade e não em seres humanos. Você trai sua qualidade de vida? Quando não superamos a solidão social, nos tornamos carrascos de nós mesmos.

A solidão do autoabandono é fomentada quando damos uma chance para todos, mas somos incapazes de dar uma ou mais chances para nós mesmos. Não nos permitimos recomeçar. Somos implacáveis com uma pessoa vital no teatro social, uma pessoa que colocamos em lugar indigno na nossa agenda: nós mesmos.

A solidão intrapsíquica esmaga nosso crescimento, alegria e suavidade existencial. Ela promove a autopunição diante de nossas falhas, erros, tropeços e, portanto, nos impede de crescer, evoluir, nos refazer. Por isso cunhei um pensamento que tem corrido os cinco cantos do mundo pela internet: *se a sociedade nos abandona a solidão é tolerável, mas se nós mesmos nos abandonamos ela é insuportável.*

Você é um carrasco de si mesmo? Você se autoabandonou? Não diga rapidamente que não. Observe se você não leva trabalho para seus finais de semana e sua cama. Analise se não fica plugado excessivamente em seu celular e se esquece de se conectar consigo mesmo. Observe onde você colocou seus mais importantes sonhos. Analise se você é paciente consigo, se é capaz de dar risada de algumas atitudes estúpidas que produz. Pergunte o quanto se cobra.

Debatemos sobre os direitos humanos, mas ninguém viola nossos maiores direitos mais do que nós mesmos. Construímos nossas maiores masmorras. Hibernamos em nossas solitárias emocionais. E, ainda pior, em não poucos casos elas se tornam mais do que presídios temporários, mas cárceres que aprisionam uma história. Sequer perguntamos: para onde caminha minha saúde emocional? Como desatar minhas cadeias mentais? Que rotas preciso tomar? Que caminhos preciso refazer?

Como ser um casal saudável se somos algozes conosco? Se um parceiro é autopunitivo, é um traidor de sua qualidade de vida, trata-se com violência, como não será tenso e agressivo com quem escolheu dividir a sua história? Em minha análise somos uma sociedade de autoabandonados. Precisamos desenvolver intensamente um autodiálogo. Superar diariamente as tramas da solidão intrapsíquica.

3. A solidão paradoxal da consciência existencial

Essa solidão é mais sofisticada e mais importante que todas as outras. Na realidade, ela é a fonte geradora da solidão social e intrapsíquica. Representa um dos fenômenos psicossociais mais complexos de todas as ciências humanas. Está ligada à natureza virtual e intrínseca da consciência humana.

Devido ao fato de o pensamento ser de natureza virtual e, portanto, não incorporar a realidade do objeto pensado, o ser humano é marcadamente só. Compreender essa tese não apenas muda a maneira como construímos e entendemos as relações sociais, mas também afeta alguns fenômenos mais importantes da sociologia, psicologia social, direitos humanos, relações sociopolíticas.

Não vou discorrer muito nestes parágrafos sobre a solidão paradoxal da consciência virtual, pois ela será discutida em tópicos a seguir, ainda neste capítulo. Apenas digo que ela revela que todo ser humano é um ser dramaticamente solitário e que procura desesperada e inconscientemente escapar da masmorra da virtualidade produzida na consciência existencial.

Assim como uma masmorra física leva um prisioneiro a querer de todos os modos escapar dela, a masmorra da consciência virtual movimenta a mente das crianças aos adultos a produzir a curiosidade, os desejos, a exploração, a sede de aprender, a motivação pela pesquisa científica, a procura de um pelo outro.

A consciência humana, por ser de natureza virtual e, portanto, por não incorporar a realidade do mundo, gera uma ansiedade vital que estimula o *Homo sapiens* a ser incontrolavelmente um *Homo socius*, um ser social. Claro, seriam necessários livros inteiros para discorrer sobre essa marcante solidão, mas no momento o farei aqui de maneira sintética.

Teses chocantes

Estudar o processo de construção de pensamentos nos levará a teses que abalarão nossas convicções sobre as relações entre parceiros, pais e filhos, professores e alunos, executivos e colaboradores. Mas lembre que novos conhecimentos induzem inicialmente o caos para depois clarear o céu de nosso intelecto. Entretanto, devemos estar claros de que não há respostas absolutas na ciência, cada resposta é o começo de novas perguntas.

Derivadas da natureza e do processo de construção de pensamentos, e mais especificamente dos três tipos de solidão que citei, extrairei seis teses. Todo esse corpo de conhecimento compõe a terceira regra de ouro dos casais saudáveis. A partir do capítulo seguinte entraremos num céu azul. As regras de ouro serão mais fáceis de entender e praticar. Todas as seis teses descritas a seguir permearão esta obra, mesmo quando não forem diretamente citadas.

Não se preocupe se não tiver uma compreensão global delas no momento. Ficar confuso temporariamente diante dessas teses não é ruim. A luz do amanhecer é belíssima porque surge após o breu da soturna noite.

1. Amamos primeiramente com o pensamento e não com a emoção

Primeiro percebemos, observamos, apontamos, racionalizamos, assimilamos com os pensamentos, depois canalizamos a emoção. Se o pensamento estiver enviesado, contaminado e distorcido, a emoção também estará. E, sinceramente, como veremos na segunda tese, ele sempre está contaminado. Não é possível pensar sem distorcer a própria construção de pensamentos, pois os primeiros dois fenômenos que, como vimos, leem a memória (gatilho e janela) e participam da construção dos pensamentos são inconscientes, de modo que não têm a participação direta do Eu ou da vontade consciente.

Desse modo, a cada momento que você se relaciona com seu parceiro ou parceira, as suas reações iniciais de admiração, apoio, sensibilidade, rejeição, exclusão ou atrito são patrocinadas não por sua decisão consciente, mas pelo complô do gatilho da memória e das janelas da memória. Segundos depois de iniciado esse processo, seu Eu tem de tomar as rédeas para gerenciá-lo. Você pode administrar bem uma empresa e até uma cidade, mas se não gerenciar seus pensamentos e emoções poderá ferir a si e aos outros com facilidade. Uma prática comum.

O Eu deveria ser um advogado de defesa no tribunal de nossa mente. Ele pode e deve criticar, confrontar e discordar de cada pensamento perturbador e de cada emoção tensa – enfim, de tudo o que nos aprisiona dentro de nós. Ser passivo nesse campo é deixar o veículo mental se precipitar sem direção ladeira abaixo. Infelizmente a maioria o faz, inclusive psicólogos, médicos, intelectuais. Para desenvolver uma mente livre e formar um casal saudável devemos primeiramente ser gestores da nossa mente.

Há pessoas que a vida toda são escravas de suas emoções e de seus pensamentos mórbidos. Elas são livres por fora, mas aprisionadas por dentro. O Eu delas é lento e condescendente. O gatilho abriu janelas traumáticas que produzem ideias perturbadoras e sentimentos angustiantes, como raiva, ciúme, inveja, reação de timidez, e o Eu não faz nada, não reage, não impugna. Apenas assiste passivamente. Embarca ingenuamente no comboio de lixo produzido pelos fenômenos inconscientes que iniciam o processo de movimentação dos pensamentos e emoções.

2. Toda vez que pensamos modificamos a realidade

Toda vez que você pensa ou discute com seu marido, esposa, parceiro ou parceira, filhos, você distorce a realidade deles. Por que pensar é distorcer a realidade? Por dois grandes motivos. Primeiro porque o pensamento é virtual e, portanto, não toca a essência do que pensa. Em segundo lugar, por causa de um complexo sistema de variáveis que interfere, em milésimos de segundos, na construção dos próprios pensamentos, contaminando-os. Vejamos como isso acontece.

Seu estado emocional (como estou), sua personalidade (quem sou), sua motivação consciente e subjacente (o que desejo), seu ambiente social (onde estou) interferem na qualidade da construção das cadeias de pensamentos e emoções. Todo o corpo dessas variáveis altera o disparo do gatilho da memória e a qualidade e quantidade de janelas abertas inicialmente. Isso indica que, ao contrário do que milhares de cientistas pensaram e continuam acreditando, o pensamento jamais deve ser usado como instrumento da verdade pura, substancial, essencial, absoluta.

Pensar, eu reitero, é sempre modificar, transgredir, alterar o objeto pensado. O pensamento é virtual e por isso é livre. Podemos pensar no passado e no futuro, mas a natureza virtual impõe sérios limites para representar a realidade. Se estamos alegres ou deprimidos (como estou), num ambiente prazeroso ou opressor (onde estou), motivado ou fatigado (o que desejo) ou se aprendemos outras experiências hoje (quem sou), tudo isso interfere na qualidade dos próprios pensamentos produzidos.

Essa tese é difícil de entender, mas tem grandes implicações. Por exemplo, seus julgamentos nunca serão precisos para avaliar sua esposa e seus filhos, por mais que você seja um gestor maduro da sua mente. Suas críticas, ainda que pertinentes, terão flashes de injustiça em relação ao seu parceiro e aos amigos. Toda vez que julgamos, criticamos, condenamos, nós falhamos, ainda que minimamente.

Lembre-se de que pensar é sempre modificar a realidade, por mais critério que usemos. Agora imagine se o Eu não usasse critérios de sabedoria. Os senhores de escravos e Hitler consideravam negros e judeus como sub-raças, embora eles sejam, como afirmei, 100% seres humanos. Discriminamos pessoas de religiões diferentes, dependentes de drogas, crianças especiais, deficientes físicos. O pensamento nunca representa a realidade essencial, mas, se for muito contaminado, provocará atrocidades inimagináveis. Como os universitários em todas as escolas do mundo não estudam a última fronteira da ciência, o pensamento, eles serão políticos, religiosos, generais, empresários despreparados para exercer o poder.

Da próxima vez que for discutir saiba que você nunca terá a verdade em suas mãos, pelo menos a verdade plena. Recolha as armas, pois você distorcerá a realidade por mais que esteja certo. Da próxima vez que for apontar falhas do seu parceiro, se não o fizer com gentileza, você terá grande chance de produzir janelas *killer* traumatizantes.

Você e eu erraremos menos se treinarmos a nos esvaziar dos preconceitos, nos colocar no lugar dos outros e procurar descobrir o que está nos bastidores da nossa mente. Erraremos menos se também usarmos estratégias não para mudá-los, como veremos, mas para influenciá-los para se reorganizarem a si mesmos e a produzir plataformas de janelas saudáveis.

Muito provavelmente mais de 90% das correções e discussões entre casais os pioram e não os melhoram. Eles involuem e não evoluem. Com qual margem de assertividade você influencia as pessoas ao seu redor?

3. Devido à natureza virtual do pensamento, entre nós e os outros existe um espaço intransponível (antiespaço)

Entre você e seu namorado ou namorada, esposa ou marido, parceiro ou parceira, filhos, enfim, entre você e seus íntimos, por mais que haja um solene amor, há um espaço dantesco e insuperável. Você pode morar na mesma casa por décadas com alguém, mas vocês estarão em mundos distantes.

Alguém pode questionar: Mas eu não amo minha parceira ou parceiro? Como posso estar distante dele ou dela? Podemos beijar, nos entregar e tocar as pessoas que nos são caras, mas pelo fato de o pensamento consciente ser virtual há um antiespaço entre nós. Isso pode ser dificílimo de perceber e entender.

Você percebe o outro virtualmente e não em sua essência, percebe comportamentos, mas não o seu prazer ou dor. Quando nos comunicamos usamos o instrumento da fala e dos gestos que são saturados de códigos, que indicarão nossos sentimentos, sonhos, projetos, expectativas, pensamentos, mas não veiculam nossa realidade. Se você não se comunicar bem, se não aprender a se abrir, ser solto, tirar as máscaras, você estará mais isolado ainda.

Somos seres marcadamente solitários e expandimos os efeitos malévolos da solidão. Vivemos angústias e tédios porque não sabemos comunicar o que somos por meio dos códigos que temos. Temos medo de ser seres humanos imperfeitos e necessitados do afeto uns dos outros. Há profissões que isolam mais ainda os seres humanos, como psiquiatras, médicos, juízes, promotores, líderes espirituais, executivos.

O antiespaço entre os seres humanos, devido à esfera da virtualidade dos pensamentos, gera muitas consequências. Muitos reclamam: "Você não me entende!". E não entende mesmo. Entender não quer dizer incorporar nossa realidade, ainda que acreditemos que somos entendidos e aceitos.

Vejamos outra consequência. Por mais estranho que pareça você sempre ama a si mesmo quando pensa que ama o outro. Você ama o outro refletido em si, o outro captado pelos códigos das palavras e da imagem que expressou. Por isso reitero: se não aprendermos a refletir nossa personalidade na mente dos outros por meio de uma comunicação inteligente e generosa, nosso cônjuge, filhos e amigos não nos conhecerão minimamente. As relações entre casais definharão o amor. O romance não será retroalimentado.

O amor está em queda livre quando a linguagem da alienação toma o lugar do diálogo, quando a linguagem dos atritos toma o lugar da compreensão, quando os julgamentos tomam espaço dos apoios. Nesse caso, o casal, que já está ilhado pela virtualidade do pensamento, estará mais isolado ainda devido às falhas na comunicação.

Grande parte dos casais se separa não por falta de amor, mas por falta de uma comunicação inteligente que retroalimenta o amor inteligente. Muitos maridos nunca falam dos seus medos para suas esposas e muitas esposas nunca relatam suas angústias a seus maridos. Só sabem falar do irrelevante. Sabe aquelas pessoas que têm todos os motivos para ser felizes e são tristes e pessimistas? Como sobreviver se elas se calam sobre o essencial?

Quem não é capaz de falar de si mesmo nem tem interesse em explorar seu parceiro ou parceira, seus sentimentos mais profundos, dorme na mesma cama, mas constrói muros impenetráveis. Casais saudáveis constroem pontes, casais desinteligentes vivem ilhados. O silêncio, nesse caso, aumenta o tédio, fomenta um sentimento de vazio inexplicável.

4. Devido ao fato de a consciência existencial ser de natureza virtual, todo ser humano está só no universo

Neste tópico, como disse, vou continuar a discorrer sobre a mais incrível de todas as solidões humanas. A consciência de que somos únicos no mundo nos permitiu perceber milhões de itens ao nosso redor. Foi uma grandiosa dádiva da mente humana, mas nos ilhou nas tramas da virtualidade. Portanto, a maior de todas as consequências da consciência virtual não é o antiespaço em si, mas, ao mesmo tempo que ela nos conectou com o mundo, nos encerrou na mais dramática solidão: estamos próximos, mas infinitamente distantes de quem amamos, do mundo que nos circunda, inclusive de nós mesmos.

A consciência intelectual, por ser virtual, demonstra que não apenas estamos ilhados, mas que também estamos sós no universo, dramaticamente sós, por mais que amemos profundamente nosso parceiro ou parceira, pais, filhos, amigos ou por mais que estejamos rodeados por multidões. Talvez esse seja o fenômeno mais complexo de toda ciência, o maior de todos os paradoxos, o mais profundo: a solidão paradoxal da consciência existencial.

Nunca é demais repetir que a consciência existencial que nos faz perceber, observar, captar, entender, interpretar e, consequentemente, nos aproximar do mundo físico e mental, a natureza virtual dessa consciência nos posiciona infinitamente distantes do nosso parceiro ou parceira. Duas pessoas se amam muitíssimo e resolvem se unir, mas elas nunca se unem em sua essência.

Por que o *Homo sapiens* quer agarrar o mundo, engolir o globo e entender a origem de tudo? Porque é um ser irrefreadamente solitário. A solidão gerada pela consciência existencial gera uma ansiedade vital que nos anima a ser um deus incontido, nesse caso positivo, que quer pesquisar, explorar, descobrir o universo que nos circunda.

Por que constituímos cidades, grupos sociais, famílias, casais? Porque estamos sós no terreno da virtualidade e queremos superar essa masmorra. Essa solidão parece triste. Um pai está infinitamente distante de um filho. Um casal está insuperavelmente distante um do outro. Mas sem essa solidão paradoxal não procuraríamos desesperadamente uns pelos outros. Se incorporássemos a realidade do objeto pensado, não teríamos essa insidiosa solidão, talvez não precisássemos uns dos outros, seríamos sociopatas insensíveis.

O *Homo sapiens* se torna um *Homo "socius"* em uma tentativa desesperada de alcançar a realidade da qual ele se conscientiza, mas nunca atinge. Esse processo é completamente inconsciente. É como as milhares de vozes que estão ao seu redor, mas se você não usar um celular ou a TV você não as capta.

Reitero: a solidão da consciência virtual excita o território psíquico a produzir uma ansiedade vital insaciável, que é saudável e movimenta toda a construção intelecto-emocional, levando cada ser humano, dos "loucos" aos "sãos", dos intelectuais aos iletrados, das crianças aos idosos, a ser uma usina ininterrupta de pensamentos e emoções para capturar a realidade nunca alcançada. Você é um ser social não porque deseja, mas porque é impossível não sê-lo.

Seus amigos podem frustrá-lo, mas você não desiste de tentar novas amizades. Você pode ser traído de alguma forma e, ainda que fique traumatizado, não desistirá de procurar uma nova relação. Sei que é complicado absorver essa ideia. Meus alunos do mestrado e doutorado têm dificuldade de entendê-la, mas, se você a entendeu minimamente, estou satisfeito. Ela é fundamental. Algumas regras de ouro das relações saudáveis têm muito a ver com ela.

É a solidão paradoxal da consciência existencial que nos movimenta a ler livros, construir escolas, procurar por Deus, descrer nele, produzir ciência, desejar sermos notados socialmente, participar de partidas esportivas, ouvir um concerto, imaginar o futuro, viajar pelo passado.

Essa solidão jamais será resolvida plenamente, mas é associada a outras causas, nos dá mil razões para amar, nos entregar, ser generosos, altruístas e procurar a tão sonhada felicidade.

5. Amamos uma parte da personalidade do outro e não sua integralidade

Outra tese importante que precisa nos impactar é que você nunca ama a integralidade da pessoa que escolheu para dividir sua história, mas apenas uma pequena parte da personalidade dessa pessoa. Qual parte? A que é nutrida a partir de uma pequena área da memória da pessoa, em destaque a MUC (memória de uso contínuo), que é o banco de dados do córtex cerebral mais consciente e disponível que financia os comportamentos, reações e atitudes frequentemente observáveis.

A MUC corresponde a não mais que 2% de toda a base da memória da pessoa. No entanto, quando você mora com a pessoa, encontra pouco a pouco os outros 98% que estão ocultos, que chamo de memória existencial (ME) ou inconsciente, que é o banco de dados que contém as experiências desde a aurora da vida fetal. Portanto, não se assuste: você, por mais esperto e inteligente que seja, vai viver e dormir com alguém desconhecido.

E esse fato poderá ser maravilhoso e será uma aventura descobrir seu parceiro ou parceira ao longo dos meses e anos. Principalmente se não tiver a necessidade neurótica de mudá-lo, mas quiser se encantar, contribuir e inspirar ele ou ela. Infelizmente, contudo, grande parte dos casais conhece e continua conhecendo ao longo dos anos no máximo a sala de estar da grande casa da personalidade da parceira ou parceiro.

E o pior leigo é aquele que acha que conhece o desconhecido. Nunca diga: "Eu sei com quem eu durmo e convivo!". O pior cego é o que se atreve a mudar os outros com suas falsas e ineficientes habilidades. Estudaremos que a melhor maneira de piorar as pessoas é achar que somos psiquiatras ou psicólogos de plantão.

6. Todo ser humano é desequilibrado na dinâmica da sua energia mental

Há muitas teses interessantes e fundamentais derivadas do processo de construção de pensamentos que merecem ser discorridas, mas, para não fugir do tema proposto, vou comentar apenas uma última. Um ser humano por mais ponderado que seja será sempre um desequilibrado, ainda que minimamente. Por quê?

Porque a energia psíquica não é estática, mas dinâmica, flutuante. Todos amam ser equilibrados, mas são desequilibrados. A própria solidão paradoxal da consciência, por produzir a ansiedade vital, que por sua vez, estimula a psique a ser uma usina de pensamentos e emoções, demonstra o dinamismo da energia psíquica ou mental.

As leis da termodinâmica, entre elas a segunda lei, a da entropia, também se aplica parcialmente à construção de pensamentos. A lei da entropia diz que tudo no universo caminha do organizado para o desorganizado: o Sol, à medida que emite luz, perde massa e vai desaparecer, vai se desorganizar. Os alimentos deixados no chão apodrecem, perdem a textura e se desorganizam.

Do mesmo modo, todo pensamento organizado se desorganiza, experimenta o caos e desaparece. Mas a dinâmica da energia psíquica não para por aí. A construção de pensamentos reverte a lei da entropia. Depois de se desorganizar, o pensamento se reorganiza em outro pensamento, num dinamismo contínuo e irrefreável. Toda emoção prazerosa se desorganizará, enfrentará o caos e se organizará em novas emoções, que pode ser ansiedade ou satisfação.

A mulher mais previsível e tranquila terá seus momentos de imprevisibilidade e tensão. O homem mais sereno e sensato terá suas reações tolas e estúpidas. Meu ponto é: todos nós temos um desequilíbrio psicodinâmico que anima o processo de construção das ideias e das experiências emocionais, mas esse processo não pode ser intenso, altamente flutuante ou seremos instáveis, volúveis e intensamente ansiosos.

É assombroso que crianças, adolescentes e universitários do mundo todo estudem as forças da física, mas não estudem as forças que constroem ou que destroem a relação entre casais, pais e filhos, professores e alunos, líderes e liderados, inclusive as forças que sabotam o nosso bem-estar, felicidade e equilíbrio mental.

Todos os casais são constituídos de pessoas alternantes em seu humor, mas, se essa alternância for grande, ela será doentia e fará com que a relação seja um canteiro de estresse. É fácil detectar a gangorra emocional dos outros, mas não percebemos que, às vezes, nossas emoções flutuam entre a tranquilidade e a irritabilidade num mesmo dia.

A complexidade da emoção e do intelecto nos torna não apenas lógicos, mas também incoerentes; não somente sensíveis, mas por vezes egocêntricos; não apenas seguros, mas às vezes fóbicos. Entender nossas marcantes imperfeições fragmenta o nosso orgulho e nos ajuda a sermos seres humanos em construção. Precisamos fazer um *check-up* da nossa flutuabilidade. Uma pessoa instável produz uma relação instável.

Os sensatos também têm suas reações tolas, os tranquilos também são golpeados pela ansiedade. Mas ninguém suporta ganhar flores de manhã e à noite ser bombardeado por rejeições ou golpes de indiferença. Contrai-se a espontaneidade tão preciosa para a saúde emocional e social. É sofrível receber elogios num momento e críticas contundentes no outro. Ninguém é plenamente equilibrado, mas ser intensamente imprevisível é comprometer os alicerces de uma relação saudável.

4ª REGRA DE OURO DOS CASAIS SAUDÁVEIS

SABER QUE NINGUÉM MUDA NINGUÉM

Temos o poder de piorar os outros, não de mudá-los

Estratégias traumatizantes

Os que preenchem os requisitos dos casais *desinteligentes*, se não se reciclarem, têm grande chance de irem à falência emocional, ainda que sejam muito românticos, apaixonados e não conseguirem se desgrudar um do outro. A cola da paixão não é qualquer garantia de sobrevivência e estabilidade da relação. Faz-se necessário desenvolver habilidades da *inteligência socioe-*

mocional para transformar conflitos em aprendizados, crises em experiências, perdas em ganhos, frustrações em afetos, enfim, distanciamentos em entrelaçamentos.

Os casais inteligentes se amam com um amor inteligente e não apenas com sentimento ardente. O amor ardente pode ser mais atraente, mas atração e repulsão, paixão e ódio estão muito próximos. Um amor mais calmo, "domesticável", dosado pode não ser mais atraente, mas é mais estável e tem mais chance de durabilidade.

No psiquismo humano nada é imutável. Mas toda mudança concreta precisa de estratégia, uma nova agenda, caso contrário, como vimos, construiremos janelas solitárias no cérebro. E tais janelas são como cárceres privados. Raramente alguém viverá feliz se estiver confinado em uma residência. Cedo ou tarde ansiará ir para as ruas, frequentar lojas, visitar amigos, correr, respirar novos ares, trabalhar.

Do mesmo modo, viver em uma só janela ou endereço na cidade do cérebro é uma prisão. E o mais estranho é que, por não entendermos os bastidores da mente humana, queremos confinar quem amamos, em destaque o nosso parceiro ou parceira, no cárcere privado de nossas orientações, observações, apontamento de falhas. Achamos ingenuamente que, quando corrigimos o parceiro, nossa estratégia funcionará. E, como falhamos, passamos a usar estratégias mais grosseiras para tentar mudá-lo.

Não entendemos que ninguém muda ninguém. Temos o poder de piorar os outros e não de mudá-los. Claro que podemos contribuir com ele ou ela, assunto a ser tratado em capítulo posterior, mas essa contribuição certamente passará por uma reciclagem de nossas estratégias. Nós nunca mudamos alguém, ele mesmo se muda.

Deveria haver estatísticas mostrando quão toscas, abrutalhadas e ineficientes são as estratégias que utilizamos em nossas relações interpessoais, inclusive entre professores e alunos. Provavelmente a grande maioria de nossas intervenções maculam, traumatizam, asfixiam nosso cônjuge, filhos, outros parentes, amigos, colegas. Vejamos alguns exemplos dessas estratégias.

Aumentar o tom de voz

A primeira estratégia errada e inumana que usamos para combater, chamar a razão, nos defender ou tentar mudar os outros é aumentar o tom de voz quando somos contrariados ou frustrados. Mesmo seres humanos generosos e cultos podem ser reféns dessa estratégia. São calmos e serenos quando tudo sai conforme suas expectativas, mas, uma vez estressados, usam o tom de voz para intimidar o parceiro ou parceira, filhos, amigos, alunos. Eles os traumatizam.

Nada é mais deselegante que aumentar o tom de voz para fazer prevalecer a razão. Quem eleva o nível de pressão em sua tonalidade diminui a grandeza de seus argumentos. Os que se exasperam, esbravejam, gritam são emocionalmente endividados ainda que tenham bilhões num banco, são intelectualmente frágeis ainda que sejam poderosos politicamente, são destituídos de maturidade ainda que sejam intelectuais ou profissionais da saúde mental. Rever nossa postura neurótica de mudar o outro pelo tom de voz é vital para contribuir para formar mentes livres e construir relações saudáveis.

Uma pessoa frágil constrange os outros quando os corrige, enquanto uma pessoa forte os valoriza ao tentar contribuir com eles. Há pessoas que aumentam o tom de voz porque sabem que o outro é resistente, que não aceitará seus argumentos, reagirá mal, se debaterá. Portanto, essas pessoas entram em cena "armadas", dominadas pelas janelas traumáticas, esperando as farpas vindas do outro. Tal atitude asfixia o Eu e o impede de abrir o leque da inteligência para encantar o outro.

Se você não conseguir ajudar o outro com uma voz branda, paciente e tolerante, sai muito mais barato emocionalmente aceitar e respeitar as limitações da pessoa. Para que gastar energia desnecessária e destrutiva? Uma pessoa inteligente expõe e não impõe suas ideias. E você? A quem você deve pedir desculpas por usar um tom de voz inapropriado?

Aumentar o tom de voz para corrigir alguém é usar recursos primitivos, instintivos, para não dizer violentos, animalescos, grotescos. Uma pessoa sábia tem um tom de voz brando, não precisa usar intimidações por ter a necessidade neurótica de fabricar alguém à sua imagem e semelhança. Fala com serenidade, aponta falhas com elegância, preocupa-se mais com quem erra do que com o erro em si. Ele usa as demais regras de ouro que exporemos e outras mais, pois aprenderam-nas empiricamente, com seu próprio *feeling*.

Muitos casais no começo da relação são poetas da docilidade. Com o passar dos anos começam a elevar o tom de voz, gritar e vociferar. Tais atitudes não refletem o desejo de contribuir com quem amamos, mas sim de diminuí-lo, não desejam libertá-los, mas querem dominá-los, não desejam ensiná-los a pensar, mas querem adestrá-los para obedecer ordens. Toda vez que usamos essa estratégia, excitamos o fenômeno RAM a arquivar janelas *killer*, formando plataformas traumáticas que, além de não mudar o outro, expandem aquilo que mais detestamos nele.

Sermões

Muitos homens e mulheres não são religiosos, mas são especialistas em passar sermões. São chatos, repetitivos, entediantes. Dizem as mesmas palavras, fazem as mesmas ameaças, apontam as mesmas advertências. Acham que é pelo excesso de palavras que mudarão o parceiro ou parceira. Não entendem que esses comportamentos fixos e obsessivos geram aversão em seu parceiro ou parceira.

Lembre que o pensamento consciente é virtual e, por ser virtual, não tem eficácia para mudar o humor, as angústias, a reatividade, a ansiedade e muito menos as matrizes da memória. Portanto, por serem virtuais, os pensamentos não mudam as complexas habilidades do Eu de quem amamos para ser protagonista de sua própria história. Acreditar que o excesso de palavras muda o outro é tão imaturo como acreditar que sopros podem mudar um grande edifício. Palavras, ainda mais repetitivas, não refazem o edifício da personalidade.

Os especialistas em sermões se desgastam inutilmente e estressam inutilmente as pessoas que os circundam. Não entendem minimamente o complexo psiquismo humano. Não compreendem a dança dos fenômenos que movimentam a mente. Desconhecem o complô dos dois fenômenos inconscientes (gatilho da memória e janela) que participam, antes da vontade consciente, da construção das primeiras cadeias de pensamentos e emoções. Agem como deuses ingênuos. Não sabem que é necessário construir diariamente plataformas de janelas *light* para que o outro mude. Não entendem que a intencionalidade não muda a maneira de ser e pensar.

Passar sermões, repetir as mesmas coisas, tecer as mesmas intimidações, fazer as mesmas observações para quem falha, erra, tropeça é praticar uma verborreia, ou seja, uma diarreia de palavras. Deixa o ambiente emocional azedo e estéril. Quando abrimos a boca, detona-se o gatilho da memória, abre-se em frações de segundos uma janela *killer* e quem convive conosco já sabe o que vamos vomitar. O resultado? O circuito da memória da pessoa se fecha e ela não nos ouvirá mais. É uma perda de tempo.

Grande parte dos casais em todo o mundo é repetitiva, tem uma mente engessada, não liberta seu imaginário, é verborreica. Eles não sabem que têm o poder de piorar o outro e não de mudá-lo. Ficam doentes e adoecem os outros. Não têm um caso de amor com sua qualidade de vida nem com sua parceira ou parceiro. Precisamos incorporar uma das regras de ouro fundamentais das relações saudáveis que será discutida adiante: *não existem mentes impenetráveis, mas chaves erradas.*

Por favor, economize as palavras. Não seja entediante com seus filhos e cônjuge. Recicle sua criatividade. Se for dar velhas broncas, é melhor recolher as armas e fazer a oração dos sábios. Qual? O silêncio proativo. Não reforce os comportamentos que o perturbam. Mudar a estratégia e gastar a energia intelectual de maneira mais inteligente é fundamental.

Críticas excessivas

Outra estratégia erradíssima dos casais que têm a necessidade neurótica de mudar o outro é o excesso de crítica. Criticar excessivamente é mais violento que passar velhos sermões. Uma pessoa que repete as mesmas palavras faz com que o parceiro ou parceira se defenda de sua obsessão. Quando ela começa a desferir as primeiras cadeias de pensamento, o outro se fecha para não suportar o sermão. Mas quando se critica excessivamente alguém não há como ele se defender. As palavras ferinas do excesso de crítica machucam intensamente, inibem, controlam, asfixiam quem amamos...

Uma das melhores formas de construir relações doentes e mentes infelizes é usar o bisturi do excesso de crítica para retalhar os outros. E muitos o fazem. Nada demonstra tanto que um ser humano perdeu a sua humanidade e se tornou um deus do que quando ele se torna um especialista em falar mal dos outros. Uma pessoa julgadora, pessimista, crítica, apontadora de erros está apta para consertar máquinas, mas não para formar pensadores.

Quem distribui críticas com facilidade, ainda que seja um psiquiatra, psicólogo, cientista, jurista, executivo, humilha quem corrige, enterra vivo seu parceiro ou sua parceira, sepulta a capacidade dele ou dela de se reciclar. Não entende que uma pessoa madura dá tantas chances quantas forem necessárias para os outros, bem como para si. Alguém que é implacável com os outros também é o algoz de si mesmo. Trai sua qualidade de vida e a dos outros. Não relaxa nem ri das próprias tolices e manias e muito menos de quem o rodeia. Morre emocionalmente mais cedo ainda que viva mais tempo biologicamente.

Jamais sentencie alguém com frases do tipo: "Você não tem jeito", "Você só me decepciona!", "Você sempre erra!", "Já falei mil vezes, mas você não muda!". Quem profere sentenças radicais ergue um tribunal de inquisição dentro de sua casa, escola, empresa.

Frequentemente pergunto em minhas palestras e aulas: "Quem já tentou mudar uma pessoa teimosa?". A maioria levanta a mão. Em seguida faço outra pergunta: "E quem conseguiu?". Ninguém se arrisca a levantar a mão. Se não conseguimos, por que tentamos? Porque não conseguimos entender as armadilhas da psique. O excesso de crítica produz núcleos traumáticos poderosos, janelas *killer* fortemente tensionais que pioram os outros. A melhor maneira de transformar uma pessoa teimosa em superteimosa é usar estratégias erradas, como as que estou explicando aqui.

Se a pessoa é lenta, não se interioriza, é relapsa, irresponsável, não exagere, não a traumatize mais e muito menos venda a sua paz por um preço vil. Ninguém dá o que não tem. As pessoas não mudam não porque querem continuar doentes, erráticas, débeis, mas porque não têm instrumentos para mudar as matrizes de sua memória.

Ainda que a pessoa com quem você convive seja difícil, complicada, arredia, teimosa e aparentemente incorrigível, você pode sobreviver com dignidade e até ter uma fonte de alegria se não tentar mudá-la a ferro e fogo. Relaxando e tentando outras estratégias, como a arte do carisma e da empatia, você pode ajudá-la a quebrar o círculo vicioso que a faz repetir determinados comportamentos. Casais saudáveis devem sempre lembrar que *toda mente é um cofre, não existem cofres impenetráveis, mas chaves erradas*. Não arrombe o cofre das pessoas, aprenda a descobrir as chaves corretas. Uma pessoa inteligente não muda os outros, muda a si mesma.

Comparações

Outra estratégia errada que os casais doentes usam para mudar ou alertar um ao outro é a comparação. Parceiros comparam suas parceiras a outras mulheres. E parceiras medem seus parceiros com base no comportamento dos outros homens. Nem sempre as comparações são verbalizadas, mas, ainda que sejam silenciosas ou subliminares, não deixam de ser destrutivas.

Claro, modelos são importantes. Exemplos de ética, generosidade e profissionais a serem seguidos são relevantes. Porém, comparar para sentenciar, diminuir e/ou desanimar é uma forma de punir, imprimir culpa, fomentar o sentimento de impotência e contrair a motivação para mudar. A comparação só é produtiva quando promove a capacidade de se reciclar e progredir. E se torna produtiva quando não é acompanhada de elevação do tom de voz e crítica e diminuição do outro. Infelizmente, muitos parceiros são especialistas em desanimar o outro, dizendo coisas como

"Observe o comportamento dele ou dela. Veja como você é diferente!", em vez de dizer "Observe o comportamento dele ou dela. Você tem potencial para chegar lá ou ir além!".

Frequentemente a comparação é feita para constranger e diminuir as pessoas com as quais convivemos. Até nós mesmos nos comparamos aos outros no sentido de nos agredir e não nos promover. Comparar sem reconhecer as habilidades da pessoa que claudica ou tropeça coloca combustível no complexo de inferioridade e na autopunição. Gera um crime educacional, pois produz sentimento de incapacidade e não garra.

Olhe para o rosto humano. Quantas variáveis nos distinguem um dos outros? Pelo menos dez variáveis, como tamanho e formato do nariz, anatomia do queixo, duas sobrancelhas, dois olhos, lábios, duas maçãs do rosto, formato da testa. Apesar do número de variáveis do rosto ser diminuto, somos distintos uns dos outros. Milhões de pessoas são distinguidas pela sua imagem facial.

Agora imagine o quanto somos diferentes na mente humana. Todos os anos o fenômeno RAM (registro automático da memória) arquiva milhões de experiências que se tornam milhões de variáveis que, por sua vez, tornam a nossa personalidade única. Mas somos superficiais e arrogantes, comparamos de maneira barata o nosso cônjuge, filhos e alunos aos outros.

Quando comparamos quem amamos aos outros maximizamos o que desaprovamos e minimizamos as características nobres deles, os apequenamos e perdemos pouco a pouco o encanto por eles. Achamos que a esposa, o marido, o namorado ou a namorada, os filhos que não temos são mais gentis, inteligentes, elegantes. Se convivermos com eles, é provável que também nos decepcionaremos. Ainda que eles sejam melhores em algumas áreas do que as pessoas com as quais convivemos, devemos entender que todo ser humano é como um solo e todo solo tem suas riquezas, umas visíveis, outras no subsolo.

Explorar o tesouro sob as pedras de quem está ao nosso lado ou dorme conosco nos faz nobres, não explorar nos faz pobres. Você é pobre ou rico? Reclama muito de quem ama ou procura ser um garimpeiro de ouro?

Casais doentes diagnosticam os comportamentos difíceis um do outro, não têm ousadia e habilidade para penetrar em camadas mais profundas para extrair as jazidas soterradas nos escombros do parceiro ou parceira. São peritos em reclamar e atacar e não em garimpar. Mas, indelicados e superficiais, usamos a estratégia da comparação para constranger e não engrandecer quem amamos. E depois não entendemos por que os nossos romances entram num estado de falência.

Chantagens e punições

Pensamos que só os contraventores ou criminosos usam estratégias de chantagens para extorquir, furtar ou levar vantagens sobre os outros. Mas maridos são contraventores da esposa. Parceiras cometem crimes emocionais com o marido, namorado, companheiro. Os contraventores sociais espoliam dinheiro, os contraventores emocionais espoliam a felicidade dos outros.

Há muitos tipos de chantagem utilizados entre casais e todos eles são punitivos, fomentam as janelas *killer*, destroem a estabilidade emocional, contraem a suavidade. As ameaças são muito comuns: "Se você não agir assim, não terá aquilo", "Se você não mudar, eu não farei isso".

A relação se torna mais desastrosa quando se usam sentenças carregadas de generalizações, como "Você não tem jeito!", "Você não muda!", "Você sempre erra!", "É a milésima vez que você falha!". Quem usa essas sentenças está apto para trabalhar num tribunal de inquisição, mas não para construir uma bela história de amor. Infelizmente essas sentenças são comuns. Milhões de casais, pais, professores, executivos são peritos em usá-la.

São estratégias erradas, intimidações destrutivas. E, além dessas intimidações, muitas outras chantagens são usadas na relação entre casais, como emburramento ou corte do diálogo, pressões, manipulação financeira, reações explosivas e até jogar os filhos contra o parceiro ou parceira. Quem joga os filhos contra o pai ou a mãe comete um crime educacional, corre o risco enorme de adoecer os filhos.

Se um dos pais é agressivo, tenso, irresponsável, alcoólatra, a pressão que os filhos recebem já é dramática e usá-los como joguete para tentar ferir ou mudar a parte doente é colocar mais combustível nos traumas deles, é expandir quantitativa e qualitativamente suas janelas *killer*. O ideal é promover a tolerância na formação da personalidade dos filhos. Levá-los a entender que por detrás de uma pessoa que fere há uma pessoa ferida. Essa atitude inteligente, embora não resolva o problema do pai ou mãe emocionalmente doente, preserva a emoção dos filhos.

Casais inteligentes deveriam ser parceiros do prazer, bem-estar, sonhos um do outro. Deveriam lutar pela felicidade de quem está ao seu lado, construir um diálogo inteligente para corrigir rotas e promover o ânimo. Chantagens e pressões esmagam essa possibilidade, retiram a suavidade da relação, asfixiam a confiabilidade. A sua relação é uma fonte de apoios ou um coliseu saturado de disputas?

Há situações entre os casais que imprimem a necessidade de tomar decisões delicadas. Temos de falar com brandura e firmeza as palavras "não", não posso", "não é possível", seja na compra de um carro, na atitude com os filhos ou até ao assumir determinados compromissos sociais. Mas uma coisa é ser honesto com generosidade com o parceiro ou parceira, outra coisa é carregar nas palavras e ser autoritário, falar como um ditador, elevando o tom de voz, criticando e chantageando. É estranho, todos detestamos viver sob um ditador, mas não poucos o são com o parceiro e os filhos.

A violência contra as mulheres é um dos capítulos mais horríveis de nossa espécie, uma das maiores violações dos direitos humanos. Milhões de mulheres são frequentemente chantageadas, ameaçadas, diminuídas e recebem salários mais baixos pelas mesmas atividades que os homens.

Algumas são exploradas e agredidas de múltiplas formas, mesmo em países desenvolvidos como na Europa.

Alguns homens não usam apenas a força física, mas também cultural e financeira. Praticam o assédio moral contra a parte mais generosa e fundamental da humanidade, as mulheres. Não entendem que os fortes abraçam, mas os fracos punem, que os fortes apoiam, mas os fracos excluem.

Alguns fazem chantagem para ter uma relação sexual do modo que os excitam sem se preocupar com o conforto da sua parceira. Para eles o sexo não é via de mão dupla, um fenômeno espetacular no qual os dois se amam e se envolvem numa esfera agradável de prazer e relaxamento, mas uma via de mão única. São egoístas sexuais, o que importa é sua satisfação pessoal.

E quanto à traição? Há homens que matam fisicamente ou asfixiam psiquicamente a parceira porque foram traídos. O contrário também ocorre, mas é indubitável que, de acordo com as pesquisas psiquiátricas, as mulheres são menos propensas a crimes violentos do que os homens. Nas mais de vinte mil sessões de psicoterapia e consultas psiquiátricas que fiz tratei de múltiplos casais cuja relação estava fragmentada. Ouvi e analisei muitas falas segredadas em meu consultório. E, embora haja exceções, frequentemente quando há traições não há um santo e um demônio na relação. Quando ele ou ela trai há sempre alguma responsabilidade, déficit de atenção, falta de afeto, contração da admiração por parte do parceiro traído.

A traição, quando descoberta, provoca um terremoto emocional com abalos sísmicos no último estágio. Sempre falei para a parceira ou parceiro traído que, se quiserem continuar a relação, teriam de dar uma chance completa a quem traiu. Meia chance será um desastre, provocará outros terremotos que podem comprometer seriamente a saúde emocional dos parceiros e, se houver filhos, abalar seriamente a formação da personalidade deles.

Quem não tem coragem e caráter para dar uma chance completa, usará a traição para punir, fazer chantagens, pressionar e jogar a traição na cara de quem traiu. Será destrutivo e autodestrutivo. É melhor seguir carreira solo e ser feliz. Mas reitero: se um casal, vítima da traição, quer tentar se refazer, um novo capítulo tem de se iniciar. Manipulações devem ser cortadas na raiz. Não apenas quem traiu, mas quem foi traído tem de revisar sua história. Quando há elegância, maturidade e capacidade de começar tudo de novo, o caos anuncia a mais bela primavera. Veja a história a seguir.

E. M. tinha 35 anos, era professora, culta, determinada, mas vivia sempre cansada, indisposta, inclusive com baixa libido (prazer sexual). Amava ligar a TV quando chegava em casa, tinha baixo prazer em dialogar. Ela era casada com T. M., advogado bem-sucedido de 39 anos, dedicado aos filhos, introvertido, de poucos amigos. Embora ele fosse reservado, ela era paranoica, desconfiava dele e sempre pegava seu celular para ver quem fez as últimas ligações. Sua autoestima e autonomia eram baixas.

Certa vez ela descobriu o telefone de outra mulher. Ligou os fatos, pressionou o marido, disse que o perdoaria se ele fosse sincero e, por fim, ele revelou um encontro casual. O mundo desabou sobre ela. Chorou, se desesperou, teve uma intensa crise existencial e conjugal. Mas, fiel ao que prometeu, deu uma nova chance a ele. A oportunidade, contudo, foi parcial e ela fez mil chantagens ao longo das semanas que se sucederam.

Queria saber inclusive em que motel eles foram, o que fizeram, como se beijaram e os detalhes do ato sexual que tiveram. "O que ela tem que eu não tenho?", pensava ela dia e noite. Desenvolveu um transtorno obsessivo. Praticou uma tortura mental contra si e seu parceiro. Por fim, deprimiu-se, achando-se a última mulher. Adoeceu e adoeceu o marido. Precisaram de tratamento. Tratar dela foi mais complexo. Ela teve de se refazer, reconstruir-se como mulher, resgatar a liderança do Eu e entender que, se a abandonasse, ele é que perderia uma pessoa maravilhosa. Uma vez que reescreveu as janelas traumáticas e resgatou sua autonomia, ela deu um salto na relação. Felizmente, depois do caos, os dois tornaram-se um casal saudável.

Vi homens fazendo a mesma coisa quando traídos. Eles chantagearam e puniram fortemente a mulher que diziam amar. Eram torturadores legalizados. Nunca tinham coragem de apontar o dedo para si, mas eram rápidos em fazer um tribunal de inquisição para ferir e ameaçar a parceira.

Se, em vez de punir quem traiu, a parte ferida fizer uma mesa redonda do Eu para domesticar os fantasmas da emoção (sentimento de abandono, medo da perda, autoexclusão) e partir para um diálogo aberto, sincero e generoso, a pessoa daria um salto na relação.

Se não der para ficar juntos, se o amor não é suficiente para suportar uma traição, quem foi traído deve sair com dignidade, não agredindo, chantageando ou condenando. Deve assumir uma postura madura e inteligente, dizendo algo como: "Obrigado pelo tempo que vivemos juntos. Você me perdeu. Daqui para frente saiba que serei mais feliz. Siga o seu caminho e seja feliz também". A saúde emocional agradece.

Sem um tom de voz agressivo, sem sermões, sem críticas, sem comparações, sem ameaças, sem punições e sem mágoas. É assim que dois adultos deveriam resolver suas pendências. Não apenas a traição, mas também conflitos sociais, falhas, diferenças culturais, diferenças na educação dos filhos. A relação deixa de ser um inferno emocional e passa a ser um jardim em construção.

Quem pune a parceira ou parceiro de qualquer forma, sexual, financeira, física ou com palavras, está apto para ser um carrasco, um executor de sentenças, mas não para escrever uma bela história de amor.

Emburramento ou corte abrupto do diálogo

De todas as estratégias erradas que os casais usam para mudar um ao outro, a mais sutil é fechar a cara, emburrar, acabrunhar, amargurar. Optar por um silêncio mordaz quando se está aborrecido é uma forma de retaliar o parceiro. Calar-

-se quando se está frustrado ou decepcionado só é uma atitude correta se o clima do casal em determinado momento estiver muito tenso, irracional. Nesse caso, faz-se o silêncio proativo: cala-se por fora, mas "se grita" por dentro, por exemplo fazendo o DCD (duvidar, criticar e determinar), *duvidando* de tudo o que nos controla, exercendo uma *crítica* contundente contra o fantasma da raiva, da ansiedade, do ciúme e *determinando* se autocontrolar.

De modo geral, amarrar a cara como forma de mostrar descontentamento ou punir o parceiro ou parceira é uma atitude desinteligente que aborta a solução de conflitos. Muitas mulheres usam essa estratégia. Não só as palavras punem, mas a ausência delas pode ser igualmente cortante. Defendo muito o direito das mulheres em meus livros, tenho dito que elas representam a melhor e mais inteligente parte da humanidade. Dezenas de milhões de mulheres me leem. Mas não é defensável esse comportamento que com frequência as atinge, embora homens também cortem o diálogo deselegantemente.

Calar-se ou emburrar-se é uma estratégia para machucar profundamente sem extrair o sangue. É um comportamento desastroso, desinteligente e ineficiente. Quem opta pelo silêncio mordaz não desenvolve sua inteligência socioemocional para atacar as causas de seus conflitos. Ao contrário, desertifica sua MUC (memória de uso contínuo) registrando plataformas de janelas traumáticas ou janelas *killer*. Não tem a mínima consciência do funcionamento da mente, não sabe que o fenômeno RAM (registro automático da memória) está arquivando mágoas não resolvidas, frustrações não superadas.

Lembre que amamos o outro refletido em nós e não o outro em si. Lembre que, devido à consciência ser virtual, o outro, a não ser que nos fira fisicamente, não pode nos ferir emocional e intelectualmente, a menos que permitamos. Quem emburra joga para dentro de seu cérebro o lixo que detesta, materializa os estímulos virtuais, estressa o cérebro inutilmente.

Estamos na era das democracias modernas. Temos o direito de expressar nossas ideias, cultura, crenças e ideologias. Mas milhões de mulheres e homens não exercem esse direito. Calam-se quando deveriam debater as ideias com brandura, silenciam quando deveriam ser honestos um com o outro. Se não praticarmos um diálogo profundo e aberto para que possamos nos refletir um no outro com maturidade, nosso amor será instável, circunstancial, condicional, doente.

Casais desinteligentes entram em falência não por falta de amor, mas por falta de inteligência, por não saberem proteger a memória e a emoção um do outro. Casais inteligentes não colocam seus conflitos debaixo do tapete do tempo, esperando o conflito passar, crendo que os atritos logo se abrandarão e eles voltarão a ser dois pombinhos. Os conflitos não resolvidos vão para debaixo do tapete do tempo e, ao mesmo tempo, para os bastidores da memória e serão arquivados pelo fenômeno RAM. Essa técnica os torna pombinhos hoje, mas pouco a pouco os converterá em dois felinos que se agredirão drasticamente por pequenas coisas amanhã.

O diálogo inteligente e generoso é insubstituível. Só o diálogo torna as pessoas inesquecíveis. Seu diálogo é pobre ou rico? Você conhece camadas mais profundas do seu parceiro ou parceira, filhos, alunos, amigos? Você é um garimpeiro de ouro nos solos da mente de quem ama ou fica na superfície?

5ª REGRA DE OURO DOS CASAIS SAUDÁVEIS

ROMPER O CÁRCERE DO FENÔMENO BATEU-LEVOU

Romper a síndrome do circuito fechado da memória tensional

Somos uma espécie livre?

Tenho perguntado frequentemente em minhas conferências para magistrados, membros do Ministério Público Federal, psicólogos, educadores, médicos: "O nosso Eu, que representa a nossa consciência crítica e a nossa capacidade de decidir, tem de fato liberdade de escolha?". A Constituição democrática nos garante o direito de expressão das ideias, mas somos livres para pensar? Muitos ficam em dúvida sobre o que responder. A resposta é complexa e compreendê-la muda grande parte do que sabemos sobre o *Homo sapiens* e as ciências humanas.

Por um lado "sim", somos livres, pois temos acesso à memória, construímos milhares de cadeias de pensamentos diariamente e temos o direito, garantido pela Constituição, de expressar os pensamentos produzidos. Mas por outro lado "não", porque, como comentei, iniciamos a construção de pensamentos não pelo desejo consciente e crítico do Eu, mas por meio de dois fenômenos inconscientes, o gatilho da memória e as janelas da memória.

Diante de um estímulo, como uma imagem ou as palavras de uma pessoa, o gatilho é disparado no córtex cerebral e abre em milésimos de segundos inúmeras janelas contendo fobias, tranquilidade, prazer, humor depressivo, além de milhares de outros dados. Assim temos as primeiras interpretações dos estímulos. As primeiras reações, portanto, não dependem da escolha do Eu, sendo inconscientes e involuntárias. Portanto, a liberdade plena não existe como sempre acreditamos na filosofia, sociologia, psicologia, religião. O primeiro ato do teatro mental é inconsciente e não fruto de uma escolha diretiva e consciente.

Ao descobrir esse fenômeno fiquei perplexo. Minha produção de conhecimento sobre essa complexa e talvez última fronteira da ciência me abalou, asfixiou o romantismo pela única espécie que pensa, tem consciência de que pensa e constrói uma história, a espécie humana. Esses mecanismos inconscientes explicam em grande parte por que somos uma espécie com baixos níveis de viabilidade, que sempre manchou a própria história com sangue, discriminação, injustiças, exclusões. Os erros não estão apenas no comportamento de psicopatas e sociopatas, mas no projeto psíquico, no funcionamento da mente humana.

Parece que falta algo no projeto psíquico para nos tornar viáveis, autônomos, autocontrolados, com domínio próprio, senhores de nós mesmos. Falta o Eu ter consciência das armadilhas da mente e se equipar diariamente para ser o autor da sua própria história. Infelizmente, como veremos nesta regra de ouro, é muito fácil fechar o circuito da memória e ter um Eu vítima, e não protagonista, de sua história.

Temos garantido pela Constituição o direito de liberdade de expressão, mas na nossa "constituição" psíquica esse direito não nos é garantido. A construção de pensamentos produzidos sem autorização do Eu, sem a permissão da vontade consciente, gestada por fenômenos inconscientes, indica claramente que a liberdade não é nata, não é um dom genético. Ela deve ser conquistada dentro do cárcere psíquico.

Você nunca ficou impressionado ao constatar que os seres humanos, apesar de saberem que são mortais e detestarem a morte, sempre a abraçaram, sempre fizeram guerras? Para um mortal, nada é tão estúpido quanto as guerras, mas a nossa espécie sempre flertou com elas, seja por motivos religiosos, políticos, territoriais ou para conquistar recursos naturais. Todavia, nenhum desses motivos explica completamente essa tendência se não entendermos que o acesso à liberdade e à memória pode ser truncado, bloqueado e encarcerado pela síndrome CIFE-K (síndrome do circuito fechado da memória *killer*), que também pode ser chamada de CIFE-T ou tensional.

Cárceres psíquicos

Pessoas que têm ataques de pânico, sofrimento por antecipação, culpa, ideias obsessivas, timidez, fobias são exemplos claros de que o direito de ser livre tem de ser uma conquista diária. Reafirmo que não nascemos livres. Conquistamos nossa liberdade por meio do processo educacional, ainda que não formal, capaz de nos equipar para gerenciarmos a nossa mente e sermos autônomos e autodeterminantes.

A quase totalidade das pessoas das sociedades modernas pensa equivocadamente que é livre, mas não é. Psiquiatras, psicólogos, juristas, filósofos, religiosos, executivos sonham com a liberdade, mas poucos a conhecem, principalmente nos focos de tensão. Alguns ficam irreconhecíveis quando entram em janelas traumáticas, perdendo completamente a serenidade. Milhões de pessoas são encarceradas por raiva, complexo de inferioridade, ciúmes, inveja, autopunição, pensamentos perturbadores, necessidade neurótica de poder, de estar sempre certo, de ser reconhecido.

Uma pessoa que tem fobia social, medo de falar em público, tem em tese liberdade de expressar seus pensamentos. Mas bem antes de iniciar uma conferência ou no instante da sua fala, detonam os fenômenos inconscientes. O gatilho abre na pessoa uma janela traumática *killer* que contém medo de falhar, não fluir o pensamento, não agradar, ser criticada. Essa janela produz um volume de tensão ou ansiedade que gera um terremoto no processo de leitura da memória. Esse é o primeiro ato da construção de pensamentos. O volume de tensão bloqueia ou "assassina" o acesso do Eu a milhares de outras janelas com milhões de dados na síndrome CIFE-K.

Tive o privilégio de descobrir essa síndrome, mas nem por isso deixei de ser vítima dela. Quando o circuito da memória se fecha, não encontramos informações para dar respostas inteligentes nas situações estressantes. A partir desse momento a racionalidade humana se compromete e abre-se o caminho para produzir de guerras a discriminação, de homicídios a suicídio, do sentimento de culpa à autopunição, do medo de um inseto ao medo de falar em público, de uma reação de intolerância à intimidação. Tudo vai depender da maturidade do Eu, do grau de gerenciamento do estresse, da quantidade e qualidade das janelas fechadas.

No caso de quem tem fobia social, a síndrome CIFE-K, por ser acionada quando entramos numa janela traumática ou *killer* (assassina), fecha o acesso aos dados da memória, asfixia a capacidade de pensar do *Homo sapiens* e exacerba os mecanismos instintivos que produzem sintomas psicossomáticos (taquicardia, aumento da frequência respiratória, rubor, suor) para a pessoa fugir do estímulo estressante ou lutar contra ele. Somente segundos depois de iniciado o primeiro ato do teatro psíquico é que o Eu entra ou deveria entrar em cena para organizar o caos emocional e o fechamento do circuito da memória gerados pela janela killer.

Se for feliz em gerenciar sua mente, poderá encontrar seu ponto de equilíbrio e fluirá o pensamento com inteligência. Caso contrário, ele será vítima do terremoto gerado pela fobia social, gaguejará, bloqueará seu raciocínio, comprometerá sua eloquência.

Mas em que escola ou universidade os alunos são ensinados a gerenciar sua mente nos focos de tensão? Onde eles aprendem a desenvolver um Eu consciente de seus papéis, capaz de conquistar sua liberdade diariamente? Desenvolvemos nossa personalidade em meio a múltiplas armadilhas que fecham o circuito da memória. Aprendemos da pré-escola à universidade a resolver inúmeros problemas matemáticos, mas não aprendemos a resolver as equações existenciais. Que escola é essa que não ensina a inteligência socioemocional?* Estamos preparando, em nossas universidades, líderes maduros ou meninos que não sabem ser contrariados, desafiados, incapazes de atravessar os vales das perdas? Temos de nos questionar. Para onde caminha a educação será para onde caminha a humanidade.

Todos os casais deveriam saber que quando se casam ou se juntam não levam apenas as flores para a relação, mas também uma série de emboscadas mentais. Se não aprenderem a abrir o circuito da memória nos focos de tensão poderão ferir drasticamente quem amam. Mas onde estão os casais que conhecem os fantasmas da sua mente? Onde aprendem a desarmar as suas emboscadas e a do parceiro ou parceira que sabotam sua felicidade?

Nos 30 segundos de tensão cometemos os maiores erros

Com que frequência vivemos a síndrome CIFE-K e fechamos o circuito da memória? Todos os dias. Se o Eu não aprender a se educar, equipar, treinar, a abrir esse circuito, a dar um choque de lucidez na desordem psíquica, a relação entre casais, entre pais e filhos, professores e alunos, colegas de trabalho poderá ser um tormento. Sinceramente, estamos completamente

---

* Conheça o programa da Escola da Inteligência desenvolvido pelo Dr. Augusto Cury para ser incluído na grade curricular da escola clássica, com uma aula semanal, e ajudar nessa nobre tarefa de formar filhos e alunos socioemocionalmente inteligentes (contato@escoladainteligencia.com.br).

despreparados para construir relações saudáveis. Conhecemos presídios, mas não as masmorras mentais.

Nos primeiros 30 segundos de tensão, sob a égide de críticas, ofensas, contrariedades, dispara-se o gatilho e abre-se uma janela traumática. Se essa janela tiver um alto volume de ansiedade, o circuito da memória se fechará, levando-nos a reagir como animais, com algumas doses de irracionalidade. A síndrome CIFE-K, por fechar o circuito da memória, leva o *Homo sapiens* a reagir orientado pelo insano fenômeno da ação-reação, do bateu-levou. Palavras que jamais deveríamos dizer a quem amamos são ditas nesses cálidos momentos. Qual é a sua atitude quando alguém o decepciona? O seu Eu é gerente do seu estresse?

Os casais se ferem e esfacelam seus romances não quando atravessam um mar calmo, mas quando estão nos focos de tensão. Muitos casais extremamente grudentos em momentos calmos se atarracam quando contrariados. Não sabem minimamente fazer a oração dos sábios, o silêncio proativo, quando se calam por fora e gritam por dentro contra sua irritabilidade, explosão, intolerância. Atitudes, reações, pressões, ameaças que nunca deveriam ser produzidas são construídas quando o circuito da memória se fecha. Nosso Eu se torna refém frequentemente dessa síndrome. Reitero: somos livres?

Se a famosíssima palavra "liberdade", que permeia todos os povos e culturas, se materializasse plenamente no psiquismo humano a maioria das pessoas não teria timidez, como mostram as estatísticas. Do mesmo modo, 1 bilhão e 400 milhões de pessoas (20% da população) não atravessaria os vales sórdidos de uma depressão se tivéssemos a plena liberdade de administrar a emoção. Acordaríamos cantarolando e não daríamos bulhufas para as frustrações da vida.

Cuidado com os registros da memória

Onde as experiências são registradas? Primeiramente, na MUC (memória de uso contínuo), que inclui algumas regiões e circuitos do córtex cerebral. Como comentei, a MUC representa uma pequena porém fundamental parte da memória humana, pois seu banco de dados nutre as atividades intelectuais e emocionais diárias. Portanto, a MUC representa o centro consciente.

Tudo o que não é utilizado na MUC, se não for substituído, e frequentemente não o é, torna-se a ME (memória existencial ou inconsciente). Portanto, a ME é composta de circuitos contendo milhões de informações e experiências acessados mais remotamente. Quando você vê um amigo de infância, velhos circuitos neuronais se abrem, e as recordações saem da ME e retornam à MUC.

De tudo o que devemos preservar nesta curta existência, devemos em especial guardar a MUC. Muitos guardam tesouros em cofres, outros em bancos, mas não sabem que, se não protegerem o tesouro da memória, serão infelizes, angustiados, ainda que milionários e aplaudidos.

Preservar a MUC faz toda a diferença para o presente e o futuro emocional de um ser humano. Uma pessoa que usa cocaína infecta sua MUC com janelas poderosas (*killer* duplo P – Poder de aprisionar o Eu e Poder de retroalimentar o núcleo traumático) que fecharão o circuito da memória e financiarão um desejo compulsivo por uma nova dose da droga. Se ela não aprender a reeditar a memória e resgatar a liderança do Eu, será uma escrava na era moderna.

Igualmente uma pessoa que passou por vexames públicos, rejeições sociais, perdas de pessoas queridas, doenças crônicas, se não aprender a reeditar sua memória, poderá contrair janelas traumáticas duplo P que afetarão seu humor e suas relações sociais.

De outro lado, milhares de pessoas foram profundamente traumatizadas, mas felizmente, embora desconhecessem as ferramentas para prevenir transtornos emocionais como as discorridas no programa *Freemind* (reeditar o filme do inconsciente, gerenciar os pensamentos, administrar a emoção nos focos de tensão, etc.), elas aprenderam intuitivamente a usar essas ferramentas e sobreviver ao caos. Assim, elas reescreveram o centro de sua memória, a MUC, transformando-a numa terra fértil. Desenvolveram uma mente livre e uma emoção saudável.

Mas não apenas pessoas que atravessaram os vales dos estímulos altamente estressantes na infância e juventude podem desenvolver as janelas *killer* duplo P e afetar sua capacidade de contemplar o belo, sua estabilidade emocional, segurança, tolerância às contrariedades. Isso também pode acontecer com casais que vivem numa diária zona de conflito, ainda que tenham tido infância e juventude tranquilas. Uma pessoa não precisa ser traumatizada na infância para ser doente na idade adulta. Vejamos como isso acontece.

Casal apaixonado, casal falido

Certo casal era extremamente afetivo. Nos primeiros meses ele fazia juras de amor para ela e ela o considerava o homem mais gentil, delicado e preocupado com seu bem-estar que existia. Beijavam-se dezenas de vezes por dia. Ele suportava tempestades para ficar com ela e ela enfrentava os jatos de frio da sogra para ficar com ele. Ele a irrigava com presentes em datas especiais, como aniversário, dia dos namorados, fim de ano e ela fazia um festejo todos os dias em que se encontravam. Em especial, comemorava o dia em que se conheceram e começaram a namorar.

Tudo parecia tão perfeito que eles não suportaram ficar sós. Depois de quatro anos de namoro quiseram se casar conforme os rituais de seus pais, ambos empresários, e na presença de seus inúmeros amigos. Assim, perante uma plateia de mais de quinhentos convivas, declararam a um religioso que se amariam na saúde e na doença, na riqueza e na miséria... Belíssimas intenções. Os amigos dele achavam que ela era a mulher ideal. As amigas dela achavam que os dois nasceram um para o outro.

Mas lembre que o pensamento é sempre contaminado pelo tipo de personalidade (quem sou), pelo ambiente emocional (como estou), pelo ambiente motivacional (o que desejo) e, entre outros, pelo ambiente social (onde estou). Mudando essas variáveis, mudam-se os pensamentos e, consequentemente, os comportamentos. Portanto, não revelamos o que somos em ambientes controlados.

O tempo passou e as promessas do casal de se amar para sempre em quaisquer circunstâncias pouco a pouco foram sendo esquecidas. Os fantasmas alojados no inconsciente, que pouco apareciam no período de namoro, começaram a ganhar musculatura. Ele começou a elevar o tom da voz e se mostrava cada vez mais crítico, mas nunca reciclava suas reações. Ela tinha reações impulsivas, reagia pelo fenômeno bateu-levou, mas igualmente nunca mapeava sua ansiedade.

Morando juntos, eles não tinham a mínima ideia de que deveriam preservar a MUC. Ambos preservavam o trivial, mas esqueciam o essencial. Não admitiam o mínimo barulho em seus carros importados e já partiam para consertá-lo, mas não observavam os "ruídos" da agressividade, do ciúme e das cobranças no "veículo" de sua mente. Ambos conferiam seus extratos bancários, pois não admitiam minimamente atrasar pagamentos, mas nunca conferiam seus extratos emocionais, sem saber que estavam cada vez mais endividados um com o outro.

A massacrante rotina foi esmagando a afetividade. Pouco a pouco começaram a ser especialistas em ver os defeitos um do outro. Qualquer comportamento tolo detonava o gatilho da memória, abria janelas traumáticas, fechava o circuito da memória e eles partiam para o ataque. Fora dos focos de tensão eles pareciam ser um casal saudável, mas quando estressados revelavam que estavam profundamente doentes.

Um não entendia o outro e eles ficaram viciados em atritar. Brigavam pela escolha do restaurante, pela escolha do filme, pela frequência da visita aos pais, até pela temperatura do ar-condicionado do quarto. O casal, invejado por todos, depois de cinco anos começou a entrar em zona de colisão. O romance virou um ringue. Até o jeito de falar ou opinar era motivo de atrito.

Certa vez, ela teve uma crise de ciúmes porque ele chegou tarde do trabalho. Ele tentou justificar, mas ela não aceitou. Logo perdeu a cabeça, tentou mudá-la, ferindo-a. Bradou: "Você é louca!". E completou seu tribunal comparando-a com outras mulheres, que para ele eram muito mais sensatas, ponderadas e inteligentes que ela. Ela, por sua vez, elevou o tom de voz e chamou-o de maníaco. E desferiu críticas ferinas contra seu comportamento.

Ambos foram longe demais. O fenômeno RAM (registro automático da memória) mais uma vez não perdoou o Eu. Arquivou a ofensa de maneira privilegiada, produzindo janelas traumáticas, dessa vez poderosíssimas, do tipo duplo P, duplo poder, conferindo à ofensa o poder de ser lida e relida durante toda a noite e o poder de se retroalimentar, formando um núcleo traumático. Um casal saudável tornou-se doente.

Cuidado! Pequenos atritos hoje, se não forem reciclados, tornam-se grandes ofensas amanhã. Pequenas ameaças de separação hoje causam grandes rupturas amanhã. Pequenas chantagens hoje formam núcleos traumáticos tão grandes que causam a falência do relacionamento amanhã.

O poder dessas janelas estruturais de sequestrar o Eu e retroalimentar o trauma é enorme. Se eles fossem um casal inteligente, que lutasse um pelo outro, reciclariam a necessidade neurótica de ser perfeito, teriam coragem de pedir desculpas logo após falharem, mapeariam sua estupidez, reconheceriam seus erros e reeditariam, assim, suas janelas traumáticas.

No entanto, além de não usar essas regras de ouro, tropeçaram em outra grande regra de ouro para gerar casais saudáveis: ninguém muda ninguém e temos o poder de piorar os outros, de plantar janelas *killer* com muita facilidade. Ambos tinham a necessidade neurótica de mudar o outro, por isso reagiam pelo fenômeno bateu-levou.

Descobriram na própria pele que não apenas as drogas viciam, os atritos também, bem como o desejo compulsivo de mudar o outro. E, quanto mais tentavam debater, criticar e retificar o outro, mais o pioravam, mais colaboravam para solidificar aquilo que mais rejeitavam no outro. Não entendiam que, se não for possível contribuir para que o outro mesmo se mude, deveriam relaxar e aceitar que fica muito mais barato e agradável aceitar o outro com suas limitações.

Daria para viver com muitas pessoas se diminuíssemos nosso padrão de exigência. Mas somos ótimos para elevá-lo, pois reagimos como deuses, querendo que as pessoas sejam a nossa imagem e semelhança. Milhões de casais poderiam refrigerar seu deserto emocional se gerenciassem sua impulsividade em criticar, expor erros, corrigir, mudar o outro. O impulso da ação-reação é ótimo no âmbito do físico, mas péssimo para as relações sociais. Conviver a dois exige fontes excelentes de amor, doses elevadas de inteligência e porções generosas de paciência. Quem exige demais está condenado a amargar com a solidão.

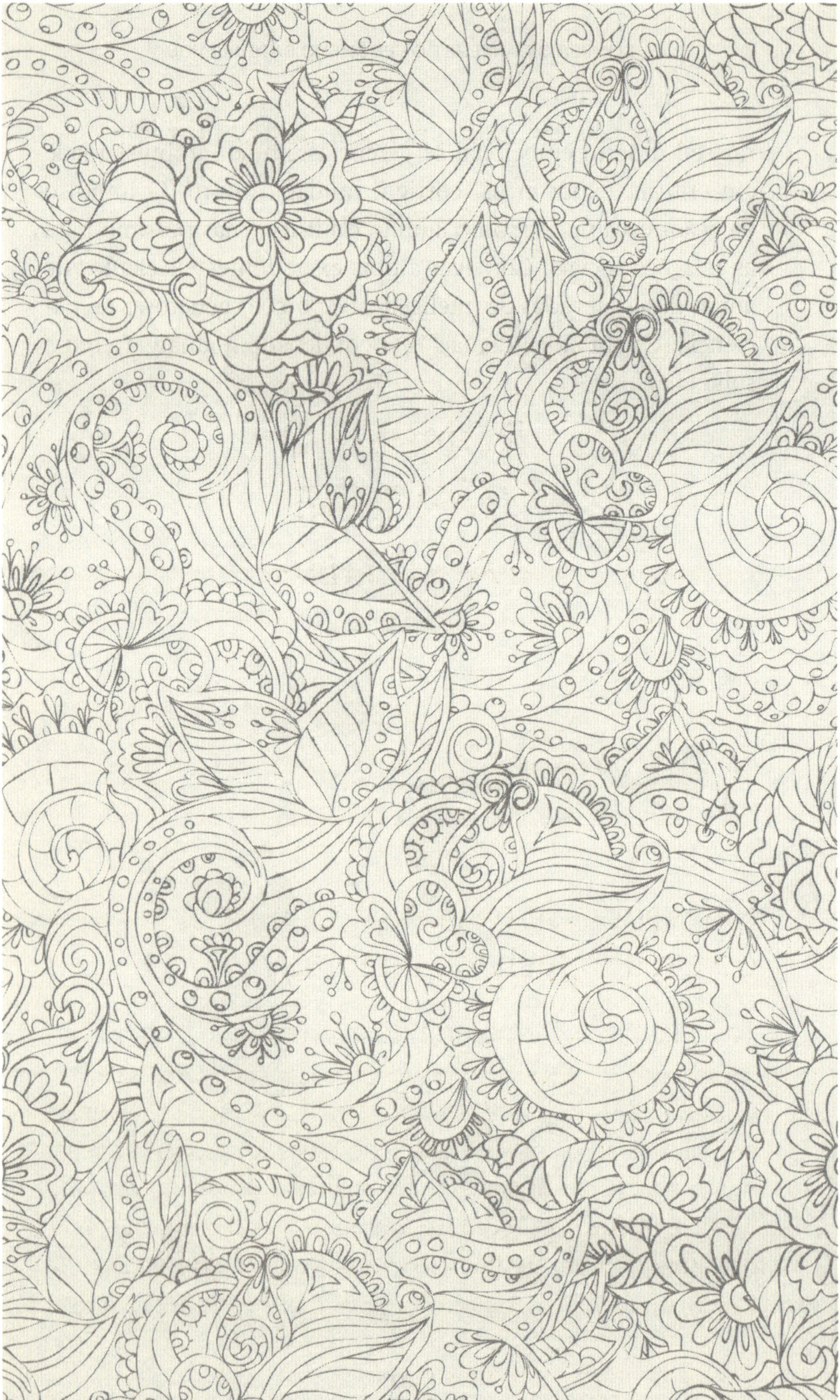

6ª REGRA DE OURO DOS CASAIS SAUDÁVEIS

ROMPER O CÁRCERE DA ROTINA

Reinventar-se e superar a síndrome do circuito fechado adaptativa

Todo começo é uma grande aventura

Como vimos, a consciência existencial, por ser de natureza virtual, nos aproxima de tudo e de todos, mas paralelamente nos distancia profundamente da realidade do objeto pensado ou conscientizado. Tocamos, trocamos, falamos, debatemos, discutimos, enfim, usamos todos os recursos do processo de comunicação para perceber o mundo à nossa volta, mas, por mais eficientes que sejamos, continuamos sós.

Essa solidão gerada pela consciência virtual nos conduz, como comentei, a desenvolver uma ansiedade vital que nos motiva dia e noite a construir relações sociais. Sem ela provavelmente não haveria casamentos, namoros, sonho de ter filhos, amigos, reuniões sociais, partidos políticos, grupos religiosos, pelo menos não do modo que conhecemos.

Devo recordar as nuances desse fenômeno para avançar nas regras de ouro dos casais saudáveis. Você e eu jamais conseguiremos viver isolados, a não ser que estejamos em coma ou sob efeito de alguma injúria cerebral, como degeneração do córtex ou efeito de uma droga depressora. Por mais bem resolvido ou autossuficiente que um ser humano possa ser, ainda que viva sob as chamas da mais ardente timidez, ele procurará romper a cada momento o cárcere da solidão paradoxal da consciência virtual.

Construímos personagens diariamente na nossa mente e o fazemos mesmo quando dormimos, por meio dos sonhos. Um dos grandes motivos para isso é essa insidiosa solidão. Você vai ao cinema, assiste à TV, se relaciona com seus íntimos, traça planos, viaja, pesquisa, explora, se anima também por causa da movimentação de pensamentos, emoções, imagens mentais, curiosidade produzida pela solidão da consciência virtual.

Temos mil atividades diárias e podemos tecer mil argumentos conscientes sobre os motivos pelos quais as temos, mas na base inconsciente de todas elas há a ansiedade vital, a procura íntima e irrefreável de tocar a realidade do mundo inalcançada pela consciência humana. Imaginamos o futuro ou viajamos no passado com a aeronave virtual dos pensamentos para aliviar as labaredas da solidão da consciência. Você e eu somos uma fonte de imaginação para escapar dessa solidão, o que é ótimo. Torna-nos dependentes uns dos outros.

Quando um ser humano falha em construir experiências intelectuais para se entreter, haverá um vazio remanescente inexplicável, um tédio que sempre o inquietará. Muitos têm todos os motivos para serem felizes, mas não o são. E nem sempre essa infelicidade se deve a traumas do passado, pois nem sempre esses traumas existiram em qualidade suficiente para furtar seu prazer. O problema está na construtividade intelecto--emocional deficiente em sua psique.

Muitas pessoas não desenham em sua mente um futuro agradável, personagens interessantes, ambientes tranquilos, sonhos inspiradores. Ao contrário, projetam pesadelos, um futuro sombrio, sofrem por antecipação, resgatam os aspectos negativos das pessoas com quem convivem, tornam-se apóstolos do pessimismo. Por fora está tudo bem, por dentro elas fazem de seu cérebro um canteiro de estresse.

A solidão criativa

O ser humano detesta a solidão plena do mesmo modo como o ofegante detesta a ausência de oxigênio. Mas a solidão branda é um convite ao processo de interiorização, reflexão, libertação do imaginário e criação. Muitos não são criativos não por serem incapazes de ousar, inferir e produzir novas ideias, mas por não conseguirem conviver com o mínimo estado de solidão. Eles odeiam o tédio.

Se você não souber usar o silêncio perpetrado pela solidão branda, terá dificuldade de ter um encontro consigo mesmo e ser criativo. Raramente as pessoas têm um tempo especial para si, para poder aparar suas arestas, refazer seus caminhos e resgatar seus sonhos. São viciadas em seus celulares, a mínima solidão as estimula a se conectar com a internet, usar algum aplicativo ou jogar um game.

A relação entre casais é tão bizarra nos dias atuais que não existe mais uma relação a dois, mas a quatro: um parceiro, uma parceira e dois celulares. Aliás, o celular é um amante que recebe mais atenção que o mais cortejado dos cônjuges. Há situações doentiamente interessantes. Um casal num restaurante, sem olhar um para o outro e plugado no celular. E quando querem falar algo entre si, enviam uma mensagem.

Comento no livro *Ansiedade: como enfrentar o mal do século* que casais, bem como crianças e adolescentes, não sabem se interiorizar, conectar-se consigo, mapear-se. Abandonaram-se, são estranhos no ninho social, não conhecem ninguém profundamente, e, o pior, não conhecem minimamente a si mesmos. São vítimas do excesso de informações (uma criança de 7 anos tem mais dados que um imperador romano), do uso exagerado do celular, da internet e do excesso de atividades. Por isso estão desenvolvendo coletivamente o novo mal do século, a síndrome do pensamento acelerado (SPA).

Provavelmente teremos a geração mais engessada, rígida, imatura, imediatista e repetidora de dados de todos os tempos, a geração menos criativa, generosa, lúcida, coerente e menos capaz de dar respostas inteligentes em situações tensas. Como escritor e pesquisador do funcionamento da mente preciso de doses de solidão calma para observar dados, analisar ângulos, fomentar a intuição, produzir conhecimento. Na esfera dessa solidão me relaciono comigo, com as minhas imagens mentais, informações, reflexões, inclusive com os personagens de meus romances psiquiátricos.

A solidão é a mola propulsora da criatividade e das relações sociais. Como comentei, você pode ter se frustrado nas suas últimas relações sociais, mas não deixará de procurá-las, mesmo tendo um alto risco de se decepcionar novamente. Alguns pais que têm filhos não planejados ficam perturbados, alguns angustiados, parece que o mundo desabou sobre eles. Creem que não terão tempo, condições materiais nem emocionais para educá-los, mas quando os bebês nascem eles mudam seu humor, aliviam seus medos, oxigenam sua maneira de ser e pensar. A experiência com os filhos torna-se em muitos casos a mais incrível experiência para romper o cárcere da solidão absoluta e nos levar a navegar nas águas da solidão branda, criativa, produtiva. Uma solidão que nos anima a trabalhar, lutar, nos preocupar com o futuro dos filhos.

O voto de silêncio dos essênios e dos casais modernos

Os anacoretas e monges que se enclausuram para fins místicos também não conseguem viver sós, inclusive os que fizeram voto de silêncio. Eles estão sempre convivendo com os personagens construídos em seu imaginário ou consigo mesmos por meio de debates íntimos, reflexões cálidas e imagens mentais sobre a vida e a existência. Sem esses elementos, teriam depressão coletiva, não se distrairiam nem se inspirariam ou se acalmariam.

Certa vez, ao lançar o *Freemind*, programa global de prevenção de transtornos psíquicos, em Dubai e depois em Israel, visitei um dos maiores achados arqueológicos da história, o local onde foram encontrados os Manuscritos do Mar Morto. Os essênios, um grupo de judeus que viveu antes de Cristo completamente isolado da sociedade, foram seus escritores. Eles enterraram em jarros de barro nas encostas das montanhas as escrituras antigas.

Sob a aura de um silêncio dramático, os essênios fizeram fielmente milhares de cópias do Velho Testamento. Tinham uma obsessão tão surpreendente que qualquer erro de escrita os fazia descartar as peles que usavam. Seu sonho era que os textos que consideravam sagrados não se perdessem, seja pelas vicissitudes das guerras, das perseguições do Império Romano ou das intempéries do tempo.

Nos últimos séculos alguns intelectuais diziam com ar de deboche que as versões das antigas escrituras usadas pelos judeus e por inúmeras outras religiões não eram dignas de fidelidade, pois eram versões de textos recentes. Mas encontrar os Manuscritos do Mar Morto com uma exatidão cálida às usadas hoje foi um espetáculo arqueológico sem precedentes. Tudo perfeito, cada palavra, cada sentença, nos textos enterrados há mais de 2 mil anos.

E o que movia os essênios, uma casta que tinha hábitos únicos e quase ausente de comunicação verbal? Nos alicerces, era a solidão paradoxal da consciência virtual. Na base, era o desejo de que não se perdessem os textos que amavam. Mas por que se calavam enquanto escreviam? Porque queriam que os textos gritassem por eles. Sonhavam que outras gerações, ao encontrá-los, pudessem abrir sua boca e recitá-los.

Os essênios gritavam no silêncio, bradavam sem dizer palavras, tal como os monges cartuxos da Ilha de Mallorca, localizada no Mediterrâneo, na pequena e belíssima cidade de Valdemossa. Uma frase filosófica que está num convento-museu resumia seu cálido silêncio: "Calamo-nos porque o desejo de nossa alma pela eternidade não se traduz em palavras". Ao pesquisar na Universidade de Palma de Mallorca na área de ciências da educação, visitei esse museu e nunca mais me esqueci desse pensamento.

Independentemente do juízo que fazemos do voto de silêncio desses complexos seres humanos, mais uma vez afirmo que numa sociedade livre e democrática não precisamos concordar com comportamentos que se distanciam do nosso, mas devemos respeitar incondicionalmente o *modus vivendi* deles. A unanimidade é desinteligente, burra, autoritária. Pensar é sempre modificar a realidade. A verdade é um fim inatingível na ciência.

Mas o que é incompreensível na atualidade é que milhões de casais vivam como os essênios e os cartuxos, fazendo um voto de silêncio. Eles têm a necessidade vital de conversar com seu parceiro ou parceira sobre seus medos, mas se calam. Têm a necessidade de dialogar sobre seus pesadelos e angústias, mas optam pelo silêncio. Precisam cruzar seu mundo, receber um ombro para chorar ou dar o seu para apoiar, mas falam de tudo e de todos e paradoxalmente não falam de si mesmos.

Os casais modernos vivem a síndrome do circuito fechado da memória psicoadaptativa (CIFE-P). Essa síndrome é diferente da CIFE-K, que fecha o circuito da memória quando entramos numa janela *killer*. A CIFE-P é uma síndrome na qual nos psicoadaptamos ao superficialismo das relações sociais, nos acostumamos a ficar calados sobre nós mesmos. Substituímos o diálogo interpessoal por internet, celulares, horas de trabalho.

Os essênios e os cartuxos tinham motivos claros ao fazer um voto de silêncio, mas os casais de hoje não têm motivo algum. Calam-se porque não sabem transferir o capital das suas experiências. Silenciam-se porque são analfabetos emocionais, não sabem falar de suas lágrimas, intimidade, conflitos.

São vítimas da CIFE-P, preferem ligar a TV e deixar que um filme ou seriado fale por eles. Seu silêncio é destituído de inteligência, é mordaz, destruidor, promotor do adoecimento psíquico. As relações superficiais não apenas destroem os romances, mas também a saúde emocional. Você sabe falar de suas lágrimas? Já perguntou a quem ama quais são seus pesadelos? Ou fez um voto de silêncio?

Casais que vivem na mesma cama, mas não a mesma história, que dividem o mesmo ar, mas não os mesmos sonhos, são grupos de estranhos. Nunca tiveram coragem de adentrar em camadas mais profundas um do outro. Vivem na superfície do planeta Terra e na superfície do planeta psíquico. E ainda têm a ilusão de que seu amor durará para sempre. Assustam-se quando perdem a admiração um pelo outro.

O cárcere da rotina: a CIFE-P

A CIFE-K ocorre porque fechamos o circuito da memória numa pequeníssima área de leitura, como uma janela *killer* que contém medo, compulsão, dependência, raiva, frustração. Por sua vez, a CIFE-P não é uma síndrome que bloqueia o processo de leitura imediato nos levando a reagir, a pensar, a nos comportar instintivamente, mas circunscreve a leitura da memória num grupo de janelas que, ainda que não sejam traumáticas, transformam a existência num canteiro de tédio, destituído de aventuras, prelúdio, prazer, criatividade e inspiração.

O fenômeno bateu-levou, ou "agrido quem me agride", causado pela síndrome CIFE-K é desastroso e destrutivo, mas o cárcere da rotina e a mesmice que inúmeros casais vivem, causados pela síndrome CIFE-P, são igualmente destrutivos. A

CIFE-K destrói a relação abruptamente, enquanto a CIFE-P a destrói lentamente. A violência da CIFE-K é notória, ocorre por xingamentos, tom de voz elevado, críticas homéricas, enquanto a violência da CIFE-P é quase que imperceptível, levada a cabo por casais que não se reinventam, vivem entediados, não sonham juntos, não se aventuram, são escravos do trabalho e das atividades diárias.

Milhões de casais destroem seu romance por causa da mais perniciosa e imperceptível das síndromes: a síndrome psicoadaptativa, ou CIFE-P. Eles não percebem que seu romance está indo ladeira abaixo, se adaptam a amigos, colegas, mas não como amantes. No começo da relação, os parceiros são românticos, generosos, ativos, bem-humorados, mas com o passar dos anos a relação torna-se pobre, sem tempero, sem prefácio emocional. A rotina os engoliu.

As pessoas que são vítimas da CIFE-P não apenas apequenam seu romance, mas também suas habilidades sociais e profissionais. Elas são especialistas em reclamar, dar as mesmas broncas, tomar as mesmas atitudes, parecem um "velho" em final de carreira. São tão previsíveis que nem elas se aguentam. Não se reciclam, não se arriscam a propor novas ideias, encontrar novas soluções, fazer algo diferente. Sufocam seu potencial criativo, não encantam seu cônjuge, seus filhos, seus amigos. Não inspiram nem a si nem aos outros. Não são uma fonte de admiração, embora tenham condições para sê-lo.

Por se apequenarem e não libertarem seu imaginário, sentem-se diminuídas, inferiorizadas, com a autoestima esfacelada. Não se entregam a quem amam, mas, egoístas, querem que eles gravitem em sua órbita. Vejamos alguns tipos de personalidades encarceradas pela síndrome do circuito fechado da memória psicoadaptativa (CIFE-P).

1. Parceiro ciumento

O ciúme excessivo é uma característica de uma personalidade doentia. Na linguagem da teoria da Inteligência Multifocal, que inclui as habilidades da inteligência socioemocional, quem tem ciúme demasiado vive num circuito restrito de janelas da memória, e, portanto, fragiliza seu Eu, bloqueia sua capacidade de gerir sua emoção e ser líder de si mesmo.

O ciúme brando indica o desejo suportável de posse, proteção, cuidado, em relação ao objeto enciumado. Tal ciúme é aceitável e, em alguns casos, saudável. Só a espécie humana tem um ciúme consciente, que difere do ciúme instintivo-possessivo causado pela proteção de uma fêmea diante de sua cria. E como ele é construído nos bastidores da psique? A partir da solidão da consciência virtual. Como estamos próximos, mas infinitamente distantes do objeto pensado, temos o desejo de nos aproximar dele, de construir pontes, de possuí-lo, de alcançar o inalcançável.

Essa procura irrefreável nos faz ter um afeto pelo "objeto" conquistado que se expressa pelo medo da perda. Se o medo da perda não comprometer a liberdade e a tranquilidade, não se desenvolve a CIFE-P e o medo não se torna destrutivo, mas preservativo e saudável. Se comprometer, é porque o circuito da memória se fechou, tornando-se encarcerador tanto de quem tem ciúme como da pessoa que se teme perder.

Se o afeto por algo ou alguém não é inteligente e maduro, ele se torna um ciúme possessivo-controlador. Há pessoas que têm um ciúme doentio de seus animais, relógios, joias, carros. Perdê-los é perder grande parte de si, é um convite a se deprimir. Há adolescentes que têm ciúmes exagerados de suas roupas, celulares, computadores. Não sabem dividir com os irmãos o que lhes pertence. São egoístas, não sabem que aquilo que não está à venda no mercado é realmente importante e caro, como apoio, amor, generosidade, fazer o outro feliz.

O ciúme excessivo é egocêntrico, castrador, asfixiante, desinteligente. Toda pessoa ciumenta suga seu parceiro ou parceira. E, ainda que seja culta e bem-sucedida, é mal resolvida, incapaz de ser segura e autocontrolada. Todo ser humano ciumento tem um medo exagerado da perda e, portanto, já perdeu. Perdeu o quê? Sua autoestima, autodeterminação, autoimagem. Alguns têm medo que seu parceiro voe alto, de modo que, em vez de incentivar seus sonhos, lhes corta as asas. Essa atitude insana e inumana faz com que deixem de ser admirados e, assim, eles sufocam o romance.

Uma ciumenta deveria olhar nos olhos do parceiro e dizer com generosidade e segurança: "Se você partir quem vai perder será você, pois serei mais feliz...". Se uma pessoa que chafurda na lama do ciúme treinar seu Eu para abrir o circuito da sua memória e romper o cárcere da síndrome CIFE-P, terá muito menos chance de perder quem ama. Por quê? Porque os parceiros, bem como todos os seres humanos, tendem a valorizar mais intensamente uma pessoa com autoestima elevada do que uma pessoa cabisbaixa e apequenada.

2. Parceiro conformista

A CIFE-P é uma fonte de conformismo. O conformismo é uma armadilha da mente humana que aprisiona pessoas de todos os povos e culturas, inclusive com enorme potencial. A síndrome da psicoadaptação aprisiona o processo de leitura da memória em determinadas regiões da memória, levando-nos a pensar e nos comportar sempre da mesma maneira. Qualquer mudança é um sacrifício.

As pessoas nas garras dessa síndrome creem na tese insana e infantil de que pau que nasce torto morre torto. Sentem que são programadas para serem infelizes. Acreditam em sorte e azar, são doentiamente supersticiosas. Creem que são assim e morrerão assim. *Uma personalidade conformista morrerá com seus defeitos. Uma personalidade inconformada terá subsídios intelectuais para mudar seu destino. Não há pessoas de sucesso ou fracasso, mas pessoas que fecharam ou abriram o circuito da sua memória.* E você, é um perito em abrir o leque da sua mente?

Muitos casais passam mundos e fundos para ficar um com o outro no início da relação. Enfrentam tempestades, frio, crises financeiras, mau humor dos parentes, diferenças de personalidade. Parece que nada detém as labaredas do amor. Mas, com o passar do tempo, os amantes vão se psicoadaptando um ao outro, já não brincam mais, já não são tolerantes, flexíveis, criativos. Engessam suas mentes, não têm a mesma disposição de enfrentar os invernos da vida para dar um beijo, para trocar um olhar e sentir o calor do corpo um do outro. Tornam-se escravos da rotina.

Tornaram-se idosos emocionalmente. Envelheceram precocemente o amor. Um casal pode ter cinco anos de relacionamento, mas cem anos de idade afetiva. Muitos casais que vão a restaurantes, cinemas, festas estão num asilo emocional. Só se motivam quando têm algo novo para fazer. Vejamos um exemplo disso:

A. T. era um jovem apaixonado, inventivo, prestativo, um *gentleman*. Gostava de viajar, brincar, se aventurar com a mulher que escolheu para viver. Casou-se e parecia que a relação seria um eterno jardim, mas pouco depois começou a mergulhar no tédio. Ficava cada vez mais afundado no sofá diante de uma TV. Depois de dez anos parecia um ser humano em estado terminal. Vítima da CIFE-P, vivia uma mesmice sem fim. Não elogiava a esposa, não comentava nem perguntava nada sobre ela, era um túmulo. Fez voto de silêncio mesmo não sendo um religioso.

Estava enterrado no banco e endividado permanecia. Conformista, não se reinventava como profissional para criar, impactar pessoas e aproveitar as oportunidades para ter um lugar melhor ao sol. O mundo podia estar caindo ao seu redor, mas ele simplesmente não reagia. Era tão egoísta que, mesmo sabendo que sua relação estava falida, não tomava qualquer atitude. Bastava ter o controle da TV a cabo que estava tudo certo. Até que a esposa bradou: "Socorro, casei com um monge!". Foi assim que me procurou.

Ele achava que nunca perderia a esposa. Pedi que ela mudasse seu estilo de vida. Saísse com as amigas, visitasse os pais e irmãs, fosse a algumas festas, enfim, não se enterrasse com ele. Um mês depois o conformista entrou em crise, percebeu que tinha de investir em quem amava, caso contrário a perderia. Passado o susto, ele me procurou e lhe falei sobre o cárcere da síndrome da psicoadaptação. Ele entendeu que por detrás de seu conformismo havia uma pessoa profundamente egoísta. Assim, o ajudei a se reinventar, não apenas como parceiro, mas também como profissional.

Reitero: uma pessoa conformista fere profundamente seu parceiro sem usar objeto contundente, asfixia o parceiro sem tirar seu oxigênio. Uma relação saudável, profunda e feliz precisa de superação das manias, da timidez, da rigidez, das fobias, da mesmice, precisa ainda de doses de aventura e sonho. O conformista primeiramente é um algoz de si e depois de quem ama.

3. Parceiro hipersensível

Uma das maiores consequências da síndrome CIFE-P é a hipersensibilidade, capitaneada pela falta de proteção de sua emoção. A emoção vira terra de ninguém, não tem proprietário, qualquer um pode invadir, qualquer estímulo estressante furta a tranquilidade. Devido às dificuldades dantescas da educação mundial de promover o desenvolvimento da inteligência socioemocional, grande parte das pessoas não adquire a mínima proteção emocional, o que prejudica seriamente a prevenção de transtornos psíquicos.

Quando lancei o programa *Freemind* nos Estados Unidos perante mais de seiscentos profissionais da minha área, perguntei quem tinha algum tipo de seguro. Praticamente todos levantaram a mão. Tinham seguro de casa, de carro, de vida. Em seguida indaguei quem tinha seguro emocional. Ninguém arriscou levantar a mão. Se essa plateia formada por mestres e doutores de psicologia, gestão de pessoas, ciências da educação não aprendeu as bases do seguro emocional, imagine o resto da população.

Você tem proteção emocional? Como você reage quando criticado, ofendido, injustiçado, contrariado? Você compra o estímulo estressante e paga caro por ele ou você o filtra? Alguns ficam noites sem dormir quando alguém os ofende, outros passam a vida inteira perturbados quando alguém os calunia.

Quem é hipersensível costuma ser excelente para a sociedade, mas um carrasco de si mesmo. Asfixia a liderança do seu Eu, pois gravita na órbita de um reduzido número de janelas da memória. Faz da convivência social um terror. Sua resiliência, ou capacidade de suportar frustrações, é baixíssima. Um tom de voz alterado do parceiro ou parceira já contamina seu bom humor, uma crítica estraga seu paladar emocional.

Nossos carros têm alarmes, nossas casas têm portas e chaves, mas nossa emoção é ingênua, muitas vezes fica sem qualquer proteção. Ela é invadida com tremenda facilidade pelo parceiro ou parceira, filhos, amigos, colegas. Uma vez que a emoção é invadida, nós nos irritamos e reagimos sem gentileza com os outros ou conosco, implodindo a nossa tranquilidade.

Casais saudáveis têm a emoção protegida, não são hipersensíveis. Dão descontos quando o outro está irritado, não levam a vida a ferro e fogo. Não se perturbam por picuinhas. Sabem que de vez em quando quem está a seu lado será incoerente, entrará numa janela *killer*, fechará o circuito da memória e reagirá sem pensar. Sabem também que eles mesmos serão vítimas do mesmo processo.

Casais inteligentes, por conhecer as emboscadas da CIFE-K e da CIFE-P, "dançam" na valsa da vida com a mente desengessada. Cobram menos e relaxam mais. Condenam menos e abraçam mais. Dão risadas de algumas tolices e idiotices suportáveis que um ou outro expressa. Fazem da relação um espetáculo de prazer e não de terror.

4. Parceiro consumista

Uma parte dos casais desenvolve uma grave crise afetiva por ser consumista de produtos e serviços e não de afeto, troca, apoio. Esses casais sabem consumir o que o dinheiro consegue comprar, mas não sabem consumir o que não tem preço.

Alguns casais com mais recursos compram joias, relógios caros, bolsas de marca. Conseguem se adornar por fora, mas às vezes lhes falta adorno por dentro, esquecem de investir na beleza interior, na capacidade de encorajar um ao outro, de construir juntos seus projetos. São calmos e belos enquanto não abrirem a boca.

O consumismo de produtos, mas não de ideias; de roupas, mas não da proteção da emoção; de pedras preciosas, mas não do brilho intelectual é um fenômeno que sempre existiu, mas atualmente ganhou grande estatura. A personalidade é uma grande casa. A maioria dos maridos e esposas conhece, no máximo, a sala de visitas um do outro. Conhecem os defeitos de cada um, mas não as áreas mais íntimas do seu ser. Discutem problemas, mas não se tornam cúmplices da mesma história.

Não revelam suas mágoas, não falam dos seus conflitos, não segredam seus medos. Não sou contra presentear o parceiro ou parceira, porque isso é uma forma de agradar, mostrar afeto. Mas, se você quiser cultivar o amor no sentido mais pleno, o melhor caminho não é dar presentes, mas dar o seu próprio ser. É falar das suas lágrimas para que seu parceiro aprenda a chorar as dele, pois cedo ou tarde as lágrimas serão choradas. É comentar sobre suas perdas e seus fracassos para que sua parceira entenda que ninguém é digno do sucesso se não usar suas crises para alcançá-la.

A arte de ouvir e dialogar sobre quem somos refrigera a relação, pois estimula o fenômeno RAM a construir plataformas de janelas *light* que formam as pontes da confiabilidade e da admiração mútua. Você tem construído essas pontes? Elas são universais e fundamentam a qualidade de vida e a saúde das relações sociais.

Quando um parceiro ou parceira é muito ansioso e não tem habilidade para gerenciar sua ansiedade e proteger sua emoção, ele ou ela pode canalizar a ansiedade no ato de ter, no ato de comprar, no consumismo. O consumismo fecha o circuito da memória, libera endorfina, gera o prazer e, no momento seguinte, fomenta o sentimento de culpa. O ciclo se repete pois é viciante.

O consumismo desestabiliza primeiramente a emoção da pessoa consumista, depois as finanças do casal e em seguida os fundamentos do romance. Eternas discussões e infindáveis reclamações ocupam o espaço da serenidade e do prazer. É fundamental mapear os conflitos, admitir o problema, romper o cárcere da CIFE-P. Quando o consumista tem consciência de seu conflito e a mínima maturidade emocional, ele entrega as finanças ao parceiro mais responsável por cuidar do dinheiro. A paz volta a reinar.

Lembre que não poucos casais apaixonados começam o romance no céu do afeto e terminam no inferno dos atritos (síndrome CIFE-K) ou no deserto da rotina (síndrome CIFE-P). Um casal saudável não é isento de lágrimas e crises, mas as usa para irrigar a saúde da relação e brindar a sabedoria. O amor agradece.

5. Parceiro com sexualidade asfixiante

Como a espécie humana vive dramaticamente só devido à solidão paradoxal da consciência virtual, procuramos ter relações sexuais não apenas motivados pelo nosso instinto, mas também pela necessidade vital de fundir os mundos, que estão próximos, porém infinitamente distantes. O sexo na nossa espécie não tem o objetivo apenas de reproduzir e perpetuar a espécie, mas de interagir emoções, mesclar mentes, cruzar histórias. Enfim, de alcançar o inalcançável: a essência intrínseca do parceiro conscientizado.

Superamos de maneira saudável, embora nunca plenamente, a solidão da consciência virtual quando sobrevivemos primeiramente à solidão social interagindo, trocando, dialogando, reconhecendo erros, exaltando a importância de quem amamos. Em segundo lugar sobrevivemos à solidão intrapsíquica autodialogando, nos interiorizando, refletindo, questionando, corrigindo rotas.

As relações sexuais, quando saudáveis, são uma das formas de sobreviver a esses dois tipos de solidão, a social e intrapsíquica. Isso indica que essas relações não se iniciam no ato sexual, mas horas ou dias antes, pelo entrelaçamento do afeto, pela divisão de sonhos, pela admiração mútua, pela troca serena de experiências.

Mas muitos casais pensam que são os minutos do ato sexual que definirão o prazer. Esses casais são rígidos, instintivos e superficiais. Para eles o sexo se constrói quando estão nus. Reagem como duas paredes se sobrepondo, dois órgãos sexuais trocando fluidos e não duas histórias se amando. O *Homo sapiens* exige muito mais do que o instinto para financiar o prazer estável e profundo nas relações sexuais. Exige, antes e durante o ato, segregar sentimentos e elogios ao parceiro ou parceira.

Vivemos em tempos de liberdade sexual. Mas precisamos reconhecer que o tipo de liberdade sexual que prevalece nos dias de hoje não é a liberdade sexual emocional, mas sim a instintiva, que valoriza a exposição do corpo e na qual não há troca de ideias, que valoriza o coito e não a interação interpessoal.

A repressão sexual é um problema, mas o excesso de exposição ao sexo também é, pois provoca nos solos do inconsciente a síndrome CIFE-P, ou seja, fecha-se o circuito da memória, o que contrai o encanto e a sustentabilidade do prazer sexual, incluindo o orgasmo.

A sexualidade torna-se banalizada, sem prelúdio, sem notoriedade, sem mistérios. As consequências são graves. Há pouco tempo um proprietário de uma grande cadeia de farmácias me disse preocupadíssimo que há muitos jovens tomando Viagra sem controle, sem orientação médica, o que pode comprometer sua saúde. Eles mal estão começando a vida e já têm dificuldade de ereção e prazer sexual. Não poucos têm ejaculação precoce.

Um capítulo à parte da sexualidade trata da sociopatia sexual. Como o pensamento é virtual, um ato sexual violento ou inapropriado não significa apenas uma agressão ao corpo, mas uma violação dramática do psiquismo. Os sociopatas sexuais, motivados por janelas *killer* duplo P, fecham o circuito da sua memória e aprisionam as suas vítimas em suas loucuras. Um abuso sexual ou estupro torna-se, portanto, um estupro do território da emoção, produzindo janelas altamente traumáticas e inapagáveis. Claro que é sempre possível conquistar saúde psíquica, em destaque quando se reeditam as janelas *killer* duplo P ou as plataformas de janelas *light* ao redor do núcleo traumático, como abordo no livro *A fascinante construção do eu*.

A educação sexual e emocional e o gerenciamento da mente humana são fundamentais para que os casais não tenham uma vida íntima frustrada. Muitos são sexualmente frustrados porque não aquietam seus pensamentos, não desaceleram suas preocupações e não se entregam ao parceiro ou parceira. Eles iniciam o ato sexual preocupados em falhar, em não ter prazer, em não satisfazer seu parceiro ou parceira. Os fantasmas da sua emoção assombram a espontaneidade tão fundamental para o sucesso nas relações sexuais. Por isso, é vital gerenciar a mente e domesticar esses fantasmas psíquicos.

Portanto, reitero, a sexualidade é uma história e não um ato. É um reflexo do amor e não somente do instinto. Antes e durante o ato sexual saudável deve-se promover elogios, segredar afetos, exaltar o valor, a troca, estimular a admiração mútua. O orgasmo emocional vem antes do orgasmo biológico. O texto e as vírgulas vêm antes do ponto-final.

7ª REGRA DE OURO DOS CASAIS SAUDÁVEIS

SER SIMPÁTICO

Investir na autoestima de quem ama distribuindo sorrisos e cumprimentos

No início deste livro estudamos as regras de ouro que descrevem os cárceres emocionais, as armadilhas da mente humana e as emboscadas psíquicas aos quais os casais frequentemente se submetem ou nos quais caem e que asfixiam seus romances. A partir de agora, vamos penetrar nas ferramentas que apontam as soluções, nos instrumentos de superação, no treinamento do Eu como construtor das relações saudáveis.

Todo parceiro ou parceira deveria ser um engenheiro socioemocional que constrói relações saudáveis, capaz de fazer a diferença no ambiente em que vive, em destaque na vida de quem escolheu para dividir a sua história. Um excelente engenheiro socioemocional tem três níveis: ser agradável, ser admirável e ser encantador. Para ser agradável tem de ser simpático, para ser admirável tem de ser carismático e para ser encantador tem de ir para o terceiro estágio, ser empático.

Quem tem essas três ferramentas de ouro no cardápio da sua personalidade não mexe apenas com o ambiente social, mas também revoluciona a relação conjugal e a relação com os filhos, alunos, colegas de trabalho.

Essas três regras de outro revelam três níveis de distribuição de nutrientes vitais para que as relações sejam inteligentes, espontâneas, ricamente prazerosas e intensamente produtivas. Os simpáticos distribuem livremente sorrisos e cumprimentos, os carismáticos distribuem elogios e promoções, os empáticos distribuem sabedoria e encantamento. Estudaremos essas três regras de ouro neste e nos próximos dois capítulos. Os simpáticos são poetas do bom humor, os carismáticos são poetas da promoção dos outros e os empáticos são poetas da superação.

Essas técnicas ou ferramentas, se praticadas diariamente, podem reinventar as relações com as pessoas mais caras, mesmo que sejam mentes aparentemente difíceis. Se faltarem esses instrumentos, dificilmente o amor será penetrante e estável.

O amor humano não dura para sempre

É questionável que amar é sempre uma experiência prazerosa. Se houver atritos, discussões, cobranças, insegurança, medo da perda, a relação perde sua agradabilidade, o amor tem sua agradabilidade asfixiada.

Engana-se ainda quem pensa que o verdadeiro amor supera espontaneamente temores, crises, ciúmes e conflitos sem a necessidade de apelar para as funções da inteligência. O amor sempre surge em pessoas imperfeitas. E para que o amor seja verdadeiro se faz necessário que as pessoas imperfeitas reconheçam seus erros, corrijam suas rotas, reciclem seu egoísmo, peçam desculpas. Sem esses instrumentos um amor verdadeiro adquire ares de fragilidade.

Engana-se mais ainda quem acredita que o amor verdadeiro jamais acaba, nunca se esgota, será sempre estável. O amor, pelo menos o amor humano, precisa de cuidados diários, caso contrário apagará suas chamas.

Deixe-me recordar um paradigma importante que já teci neste livro. Vinicius de Moraes, o brilhante poeta brasileiro, sugere com argúcia que o amor seja eterno enquanto dure. Essa bela frase embute corretamente a fragilidade do amor, mas reflete a ingenuidade com que o encaramos e o tratamos. Nela o amor é "eterno", intenso, impactante, pelo tempo que se ama, pelo tempo que dura. Ela esquece que a continuidade ou descontinuidade do amor não depende apenas do universo do amor em si, mas também das habilidades socioemocionais de quem ama e o cultiva. Uma dessas habilidades é a proteção. Sem filtro emocional qualquer crítica ou ofensa a invadirá.

A durabilidade do amor ficará combalida, se estenderá pelo tempo em que for uma novidade, mas quando cair na rotina e enfrentar as intempéries da vida pouco a pouco perderá seu prelúdio, aquietará suas labaredas e se converterá num sentimento pífio. Uma ruptura poderá se instalar.

Há pessoas que entram num processo vicioso no qual elas casam-se e descasam-se, juntam-se e rompem. Todos, é claro, têm a liberdade de viver com quem amam, mas a troca constante de relacionamentos pode indicar que o erro não está no início, mas na continuidade da relação, que a falha não está na intensidade do amor, mas na personalidade imatura de quem ama.

Não apenas drogas viciam, mas relacionamentos também. Alguns viciam-se em encontrar um novo amor. Apaixonam-se intensamente e desapaixonam-se rapidamente. Vivem notáveis emoções sem lançar minimamente os alicerces da razão.

Ser simpático é ser um poeta do bom humor

Alicerçar o amor é cuidar do seu presente e do seu futuro, é irrigar sua durabilidade, mesmo diante das adversidades. Ser simpático é uma forma excelente de cultivar o amor. O que é ser simpático? Ser simpático é ser um poeta do bom humor. É acima de tudo distribuir gratuita e generosamente sorrisos e cumprimentos para a parceira ou parceiro. É realçar a durabilidade e a agradabilidade do amor. O que você distribui a quem ama? Reclamações? Pessimismo? Mau humor? Uma cara amarrada?

Você pode ser um excelente profissional, supereficiente em lidar com questões técnicas, mas, se não for simpático, se não sorrir e der liberdade a seus entes queridos, será ineficiente nas questões emocionais. Poderá sugar o oxigênio da liberdade e suavidade de quem ama, asfixiando-os.

Você pode ser generoso e impactante com os de fora, mas se ao entrar em casa não for um poeta do bom humor, criará um clima desagradável com seu cônjuge e seus filhos. Será um vendedor de ansiedade e não de sonhos. Quem não é simpático fomenta ambientes socioemocionalmente paupérrimos, mesmo morando em palácios ou em ricos condomínios.

Um relacionamento pode começar com um amor brando, sem grande intensidade, que mais parece uma amizade do que uma paixão, mas, se for irrigado com relaxamento, sorrisos e cumprimentos contínuos, ele ganha musculatura. Essa musculatura, é claro, dependerá de outras regras de ouro mais profundas, como o carisma, a empatia, a superação da necessidade neurótica de mudar o outro, mas é indubitável que a simpatia gera um tempero prazeroso para os mais finos romances.

De outro lado, um relacionamento pode iniciar com um amor "louco", borbulhante, apaixonante, mas se não for cultivado com sorrisos e bom humor ele se desgasta e empobrece. O vinho do amor azeda com o mau humor, com a intolerância às frustrações, torna-se vinagre. Gestos simples e diários fazem a diferença para o paladar emocional.

Todos os dias os parceiros deveriam provocar a emoção de quem ama com sorrisos e motivação e vice-versa. Mas é paradoxalmente estúpido. Com o passar do tempo sorrimos e cumprimentamos com mais alegria os estranhos do que os nossos familiares. No início do romance, a chegada do namorado ou da namorada é um acontecimento único, que jamais passa despercebido. Com o tempo vem o cárcere da rotina e um olha para o outro no pequeno cosmo do ambiente familiar e muitas vezes eles nem se cumprimentam. Todos os dias os casais deveriam se tocar, dar um bom-dia, alegrar-se com a presença do outro.

Parece simples, mas cumprimentar quem está ao nosso lado como se fosse um personagem solene e não comum estimula o fenômeno RAM a plantar janelas *light* no córtex cerebral do outro. Um jardim se instala. Os simpáticos dão o que dinheiro não compra para seus íntimos, dão sua alegria, seu ânimo, sua coragem de lutar, sua capacidade de crer na vida mesmo nos dias dramáticos. Os antipáticos abortam o ânimo, fomentam o pessimismo, promovem a timidez e a insegurança.

Um relacionamento começa a entrar em processo de falência quando eles não mais impactam saudavelmente um ao outro. As palavras e os gestos não influenciam mais, a não ser com grande esforço. Se a presença do outro perde relevância, ganha ares de banalidade ou indiferença, o romance está em rota de decadência. Dá para perceber que grande parte dos casais, mesmo aqueles que aparentemente estão bem e são invejados, está em certos níveis de decadência. Faltam-lhes doses de bom humor, de simpatia. Faltam-lhes ainda doses generosas de carisma e empatia.

Ser simpático é ser relaxante

Os simpáticos exalam generosidade e prazer em se doar e conviver com eles é um convite ao prazer, é mergulhar em águas tranquilas. Por sua vez, os antipáticos exalam egoísmo e individualismo e conviver com eles é um convite ao descontentamento e à insegurança. É pisar em ovos. Nunca se sabe quais níveis de tempestades eles anunciarão.

Os simpáticos são especialistas em relaxar seu cônjuge, veem o lado bom de tudo, inclusive quando eles ou o parceiro erram, tropeçam e quebram a cara. Dão risadas da estupidez um do outro. Não levam a vida a ferro e fogo. Serão eternamente lembrados pelos seus íntimos por sua alegria e espontaneidade. São cultivadores de janelas *light*.

Os antipáticos, de outro lado, são poetas do pessimismo, criam um ambiente desagradável, veem o lado ruim de tudo. Conseguem enxergar no horizonte ensolarado as tempestades que sequer se iniciaram. São peritos em tempestades emocionais. Serão lembrados pelo seu humor azedo, capacidade de criticar e não de apostar. São plantadores de janelas *killer*.

Os simpáticos, por distribuírem sorrisos e cumprimentos, são fontes de sonhos e inspiração. Os antipáticos, por serem sisudos e críticos, são vendedores de tristezas e preocupações. Reitero: quem distribui deliberadamente sorrisos e cumprimentos diariamente presenteia seu cônjuge e seus filhos com aquilo que o dinheiro não compra. E você, dá para quem ama o que o dinheiro não compra ou só o que o dinheiro pode comprar? Não esqueça que tudo que o dinheiro compra é barato.

Os seres humanos que cumprimentam todos os dias e com alegria seu parceiro, seus filhos, o porteiro do prédio, o caixa do supermercado, o garçom que os serve, a cozinheira que fez um prato que lhes agradou perfumam o ambiente com sua simpatia. Pequenos gestos fazem toda a diferença para nutrir a saúde emocional das relações sociais. Vale mais que viagens, joias e presentes caros.

A simpatia não é um dom genético nem um fenômeno banal ou motivacional barato, mas um treinamento fundamental do Eu. Executivos simpáticos são mais produtivos e estimulam seus colaboradores a sê-lo também. Executivos antipáticos podem ser técnicos honestíssimos, incapazes de corromper as finanças da empresa, mas travam a mente de seus subalternos, bloqueiam o que eles têm de melhor, corrompem o capital humano.

Quanto mais se treina a simpatia, mais se supera a síndrome do circuito da memória tensional e psicoadaptativa. E as consequências são muitas e importantíssimas. Mais se promove a liberdade, o debate de ideias, a solução de problemas, o prazer de viver e o sentido existencial. Mais diminui o clima estressante no ambiente social e menos se instala a competição predatória. Os casais deixam de fazer "voto de silêncio" sobre o essencial e deixam de ser partidos políticos que vivem se digladiando e disputando quem é o melhor nos debates.

Os simpáticos constroem no ambiente familiar e profissional uma plataforma de janelas que financia o otimismo e a agradabilidade. Ser simpático é tão importante que vale a medalha de bronze na construção de relações sociais saudáveis e inteligentes.

Você é uma pessoa agradável? Quando chega num ambiente, você relaxa as pessoas ou as deixa tensas? Sua presença estimula o debate ou o inibe? Você já ganhou essa medalha nas suas relações sociais? Não há desculpas. Mesmo pessoas mal-humoradas, reativas, impulsivas, radicais, excessivamente críticas podem conquistar solenemente essa medalha. Mas para conquistá-la a palavra-chave é treinamento.

8ª REGRA DE OURO DOS CASAIS SAUDÁVEIS

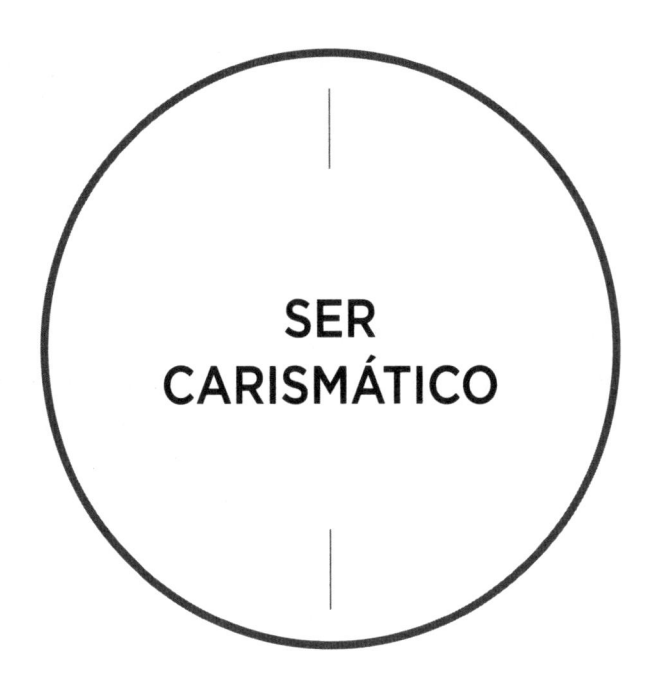

SER CARISMÁTICO

Investir no crescimento de quem ama distribuindo elogios e promoções

O carismático promove o potencial intelectual e emocional de quem ama

Ser carismático é um passo adiante em relação a ser simpático. Como vimos, o simpático é um poeta do bom humor e do relaxamento. Por sua vez, o carismático está num degrau mais alto na construção das relações saudáveis e felizes. Ele é um poeta da ascensão dos outros. Ele investe diária e continuamente na sua esposa, marido, namorado ou namorada, filhos, alunos, amigos, pais, colaboradores. Como? Distribuindo elogios e promoções. Ele promove características nobres da personalidade, realça o que há de melhor nas reações ainda incipientes e diminutas e alarga as fronteiras das janelas *light*.

Viver com alguém simpático é um convite a relaxar, viver com uma pessoa carismática é um convite a se amadurecer. Os carismáticos, portanto, são propagadores da felicidade dos outros.

O individualismo, o egocentrismo e o egoísmo são características dignas de compaixão. Ninguém tem uma emoção estável, contemplativa, madura e feliz se só pensar em si mesmo. Aprender a se doar é uma das mais ricas experiências humanas, é destilar o melhor dos vinhos emocionais, é refinar o mais excelente dos prazeres. A felicidade dos outros, ainda que de um estranho, irradia mais que o brilho do sol. Quem não bebe dessa fonte não sabe o que é ter sentido existencial. Por isso, todos os ditadores foram infelizes, todos os políticos abarcados pela necessidade neurótica de poder foram emocionalmente fracassados, todos os líderes que tentaram controlar os outros se apequenaram, não tiveram controle de si mesmos.

Uma pessoa carismática tem prazer no crescimento do seu parceiro ou parceira, dos seus filhos, enfim do ser humano. Como afirmei, ela tem um caso de amor com a humanidade. Pensa não só como um chinês, um americano ou um brasileiro, mas como um membro da espécie humana. Seus movimentos levam em consideração o futuro das próximas gerações.

Um parceiro anticarismático, além de não promover os outros, chafurda na lama do ciúme. O sucesso do outro revela suas frustrações, promove seus fracassos. Tem grande dificuldade de aplaudir aqueles que sobem no pódio. Um parceiro anticarismático pode dar presentes para a parceira, mas como não elogia suas características nobres, como sabota seu sucesso e critica constantemente seus comportamentos, é um promotor da sua infelicidade.

Do mesmo modo, uma mulher pode vestir lindamente seu parceiro, pode colocar nele o melhor terno, pode, inclusive, cuidar bem da sua imagem social, mas se não o elogiar nem souber promover seus sonhos e projetos, deixará de fazer a diferença na história de vida dele.

Um casal que sabe promover um ao outro tem grande chance de ter um romance não apenas durável, mas também profundo. Por quê? Porque eles provocarão o fenômeno RAM (registro automático da memória) a construir plataformas de janelas *light* na MUC (memória de uso contínuo) para construir pontes saudáveis.

De outro lado, um casal viciado em diminuir um ao outro arquiva no centro da memória, na MUC, plataformas de janelas *killer*, que geram instabilidade emocional, agressividade, contração da confiabilidade, disputas irracionais, dificuldade de monitorar o instinto e de pensar antes de reagir.

Os jornais são anticarismáticos

Casais anticarismáticos criam um ambiente competitivo, onde um se estressa com o outro, um quer falar mais que o outro e os dois exigem que seu pensamento prevaleça. Casais carismáticos criam um ambiente social colaborativo, no qual um exalta a participação do outro e aplaude as atitudes do outro. Valorizam as intenções independentemente do resultado, ainda que as respostas estejam erradas.

Os carismáticos são discípulos da generosidade e construtores de mentes brilhantes, enquanto os anticarismáticos são apóstolos do egocentrismo, promotores de mentes inibidas e amedrontadas, com dificuldade de correr riscos para materializar seus sonhos. Mas é preciso esclarecer que pessoas carismáticas e anticarismáticas não definem a personalidade de ninguém, apenas podem influenciar seu processo de desenvolvimento.

Muitos, inclusive eu, criticam a postura dos mais diversos jornais por noticiarem na primeira página as notícias dramáticas, as que são mais causadoras de dor, angústia e perda. Essa postura da imprensa mundial se deve ao fato de que notícias que imprimem sofrimento sequestram a atenção do leitor. Mas a que preço? O fenômeno RAM não perdoa. Ele registrará todo lixo emocional e, pouco a pouco, desertificará a memória com janelas *killer*, fechando o circuito da memória (CIFE-P) e promovendo subliminarmente as preocupações excessivas, o sofrimento por antecipação e a contração do prazer de viver.

Os noticiários mundiais, sejam impressos, televisivos ou cibernéticos, na sua ânsia de democratizar as informações e de cativar o leitor ocupam posição de destaque como fenômeno anticarismático, como promotores da ansiedade coletiva.

Notícias dramáticas não são ingênuas. Elas são arquivadas automática e involuntariamente. No mínimo ocorrem cem vezes mais eventos positivos do que dramáticos, mas eles raramente são noticiados. E, quando são, estamos tão viciados em informações com alto volume de tensão que as notícias boas, à exceção da indústria do lazer, como os esportes, o cinema e a literatura, não ganham notoriedade, seja nas páginas dos jornais seja nas páginas de nossa emoção.

Afirmei em outro capítulo que não apenas drogas psicotrópicas viciam, mas as pessoas também viciam em pessoas. Agora precisamos ver que as pessoas viciam em informações. Hoje em dia, uma criança de 7 anos de idade tem mais informações do que um imperador romano. Esse excesso de dados gera a síndrome do pensamento acelerado (SPA). Essa síndrome leva as pessoas a detestarem cada vez mais a rotina e o tédio. Elas ficam viciadas em informações, em conectar-se com a internet e celulares. Mas, infelizmente, apesar dessa enxurrada de estímulos, sentem migalhas de prazer.

Não somos viciados apenas em informações, mas em informações dramáticas. Parece que algo está faltando se um jornal não mostrar um acidente de avião, de carro, um ataque terrorista, corrupção de políticos, crises financeiras. Esse uso da informação como droga tem afetado seriamente as relações interpessoais. Vejamos como isso acontece.

As relações interpessoais são anticarismáticas

Se considerarmos a relação interpessoal com nosso cônjuge ou filhos como um jornal, o que noticiaremos na primeira página? Um parceiro vê sua parceira acertando mil vezes, seja na sua afetividade, cuidado ou atividades diárias, e não a elogia, mas, quando ela falha uma vez, como quando levanta a voz desnecessariamente, ele coloca esse comportamento na primeira página. Dá um escândalo. Muitas pessoas são especialistas em noticiar o que o parceiro tem de pior. Essas pessoas são anticarismáticas ao extremo.

Os professores veem um aluno difícil sendo prestativo, proativo, perseverante diversas vezes, mas deixam passar em branco esse comportamento, não o promovem, não arquivam janelas *light* que realçarão e alicerçarão suas características saudáveis. Mas, quando esse aluno falha ou decepciona... primeira página!

Tenho denunciado nos mais de 60 países nos quais sou publicado que os professores que não plantam janelas *light*, que não são carismáticos, não resolvem conflitos em sala de aula, pelo contrário, os promovem. Como digo no programa Escola da Inteligência, os comportamentos dos diletos mestres reforçam no psiquismo dos seus alunos aquilo que mais detestam. No mundo todo os professores precisam ser treinados a ser carismáticos, mesmo que sua plateia de alunos tenha coletivamente a SPA e seja marcadamente ansiosa. Professores carismáticos resolvem conflitos interpessoais e promovem o deleite do prazer de aprender, cumprindo o sonho de Platão.

Um casal deve aprender a elogiar diariamente um ao outro, com palavras como "Parabéns, você foi amável e generoso!", "Fiquei feliz com sua dedicação!", "Sua preocupação comigo me encanta!". Ser carismático é simples e impactante. É usar um poderoso instrumento psicológico inconsciente, é provocar o fenômeno RAM para formar núcleos saudáveis de habitação do Eu nas matrizes da memória. Não é uma técnica que deve ser aplicada raramente, mas deve fazer parte do portfólio existencial e da agenda diária de cada ser humano.

Um dos maiores crimes que os casais podem cometer contra si em todo mundo e que é responsável pela falência de grande parte dos romances é deixar passar em branco os milhares de comportamentos passíveis de serem elogiados do parceiro ou parceira. Somos rápidos em apontar falhas, criticar comportamentos, evidenciar a irracionalidade e incoerência de quem amamos e lentos para promover aspectos positivos. Somos rápidos em produzir traumas e lentos para promover características nobres.

Ser simpático equivale, como afirmei, a ganhar a medalha de bronze como um casal saudável. E ser carismático? Equivale a ganhar a honrosa medalha de prata. Uma pessoa simpática é agradável, mas uma pessoa carismática é admirável. Você é uma pessoa admirável? Você promove características belas, mas ainda diminutas, dos outros ou é um especialista em dizer "Você não tem jeito"? Você impacta positivamente seu cônjuge ou é um perito em demonstrar suas fragilidades? Você promove a autoestima dele ou dela ou fomenta a baixa autoestima?

Talvez menos de um em cada cem casais conquista permanentemente uma medalha de bronze e de prata ao mesmo tempo. Em outras palavras, eles são empáticos e carismáticos durante alguns anos de relação e apenas temporariamente distribuem sorrisos e cumprimentos e mais raramente distribuem promoções e elogios. Você conquistou essas duas medalhas? Todos os dias eu procuro conquistá-las.

Os que convivem comigo dizem que sou simpático e carismático, pois me veem valorizar o porteiro, os garçons, elogiar as pessoas, promover constantemente quem está ao meu lado, mesmo as pessoas simples. Mas sei, como pesquisador da psicologia, que se me perder no rol do sucesso e da fama, perco automaticamente também essas duas medalhas. Deixarei de plantar janelas *light*, gravitarei na necessidade neurótica de poder e de evidência social. O sucesso é mais difícil de ser trabalhado que o fracasso. O risco do sucesso é ser uma máquina de trabalhar e ser autossuficiente, não se curvar em agradecimento a todas as pessoas que nos rodeiam. Muitos pioram e se apequenam com o sucesso.

Perfumando o ambiente e o azedando emocionalmente

Como viajo bastante, observo o comportamento de muitas mulheres ansiosas em procurar os perfumes de sua preferência nas lojas dos aeroportos que têm descontos de impostos, os *Duty Free*. Elas entram eufóricas nas lojas e experimentam em si as novidades do mercado. Momentos depois gastam um bom dinheiro nas marcas famosas.

Se elas têm recursos e querem agradar suas narinas, não vejo nada de errado nessa aquisição. No fundo elas também querem inspirar os outros com seus odores. Por onde passam deixam um rastro de agradabilidade que encanta as narinas dos presentes. Mais uma vez, não há nada de errado nisso, pelo contrário. O problema é o paradoxo que se instala entre o perfume físico e o perfume emocional. O corpo exala um odor agradável, mas algumas delas, quando abrem a boca, azedam o ambiente.

Seu perfume emocional é insuportável, em destaque quando estão nos focos de estresse. Não são carismáticas. Desferem críticas com facilidade, são impulsivas, irritadiças, ansiosas, têm baixo limiar para suportar contrariedades, não reconhecem seus próprios erros, não pedem desculpas. Elas deixam um rastro de tensão que asfixia os ambientes familiares, conjugal, profissional. Sabem envolver as narinas de quem se relaciona com elas, mas se esquecem de impactar a emoção dos outros.

Homens também vivem esse paradoxo. Não poucos usam ternos bem cortados, gravatas de seda, fragrâncias amadeiradas, cítricas, algo que não entendo muito, e chamam a atenção dos presentes. Mas eles também, quando abrem a boca, em especial quando estão estressados, criam um ambiente fétido, geram um mal-estar socioemocional. Não são carismáticos, não sabem elogiar e promover a parceira, são especialistas em constrangê-la, em acusá-la, diminui-la. Não perfumam o ambiente pedindo desculpas, reconhecendo a própria deselegância nem muito menos aplaudindo diariamente todos os progressos dela ou todos os comportamentos inteligentes que ela expressa.

Alguns homens e mulheres usam joias e relógios caríssimos e amam que os outros os apreciem. Os relógios são para marcar o tempo, mas muitas dessas pessoas não têm tempo para si nem para quem amam. As joias são para reluzir diante da luz, mas muitas dessas pessoas não brilham em sua qualidade de vida. Elas podem ser ótimas para os outros, mas são carrascos de si mesmas, colocam-se em lugares indignos da sua própria agenda.

Algumas mulheres, apesar de irem a cabeleireiros e centros de estética quase todos os dias, não aprenderam minimamente a proteger sua emoção, gerenciar sua ansiedade e aplicar a técnica da mesa redonda do Eu para domesticar os fantasmas da baixa autoestima, da autocobrança e da autopunição, ferramentas que preconizo sistematicamente em meu instituto e no programa *Freemind*. Fico feliz que grandes cabeleireiros, preocupados com a saúde emocional das mulheres, estejam lendo as minhas obras e utilizando suas ferramentas em seus centros de estética. Centenas de milhões de pessoas estão emocionalmente doentes. A parte mais inteligente e generosa de nossa espécie está fragmentando coletivamente sua psique.

As mulheres e suas bolsas misteriosas

Frequentemente as mulheres saem com uma bolsa. Se não a usarem, elas se sentem inseguras. Algumas têm torcicolos de tanto usá-las e com o tempo desenvolvem até pequenos desvios na coluna. Mas não largam esse objeto fundamental e misterioso. É uma arma contra todos os tipos de batalhas. Com incrível habilidade carregam mil coisas dentro. Minhas amáveis filhas e esposa estão nesse time. Elas me encantam, mas também me espantam com suas bolsas. Com a autorização delas já tentei abri-las para encontrar objetos como carteiras, celular, moedas. Nunca tive sucesso. Frequentemente espeto meus dedos nessa perigosa empreitada.

Não há nada de errado com as bolsas, a não ser quando colecioná-las vira uma obsessão. Compensa-se a baixa autoestima com designs e marcas caras. Algumas usam bolsas de grifes internacionais e fazem questão de deixar os símbolos visíveis para os olhares das demais mulheres.

Outras se vestem na moda, mas não estão preocupadas em agradar em primeiro lugar os próprios olhos e os do seu parceiro, mas também nesse caso querem agradar os olhos das outras. Elas procuram a elegância exterior, mas esquecem que há uma elegância que o dinheiro não compra: a elegância da alma, capitaneada pela paz interior, autoconfiança e autoimagens sólidas. Perdem seu carisma, são controladas pelo ciúme, insegurança e preocupação com que os outros pensam e falam delas. Perdem também sua autonomia, seu Eu não aprendeu a ser autor da sua história. Vendem sua tranquilidade por um preço vil. Não sabem ter um caso de amor consigo mesmas.

Num mundo onde há uma ditadura mundial, a ditadura da beleza, as mulheres não podem ficar sem o arsenal alojado dentro de suas bolsas. Mas se quiserem ser felizes e construir relações saudáveis precisam de um equipamento mais eficiente. Precisam superar a solidão social, aprender a falar de suas lágrimas, discorrer sobre seus sonhos e falar de seus pesadelos.

Precisam ainda superar a solidão intrapsíquica, não podem se abandonar, têm de se interiorizar, relaxar, se valorizar mais e se cobrar muito menos. Têm de ser carismáticas com os outros e com seu próprio ser.

Um algoz de si mesmo

K. S. era um homem de 40 anos, de roupas impecáveis, vaidoso, com a necessidade neurótica de evidência social. Rolex no pulso, correntes de ouro, caneta caríssima bem visível no bolso da camisa de manga comprida, perfume marcante. Sua felicidade lhe fora roubada pelas futilidades da vida.

Sua esposa não suportava sua vaidade. Seus filhos davam as costas para o pai que nunca dialogou profundamente com eles, rápido em punir e lento para abraçar. Um educador anticarismático, que nunca perguntou sobre os medos, crises, sonhos e pesadelos deles. Moravam na mesma casa, mas eram um grupo de estranhos.

Ele tinha um transtorno obsessivo. Sua mente era escrava de ideias fixas e perturbadoras. Queria ser o centro das atenções do mundo. E, além disso, desenvolveu síndrome do pânico. Começou a ter ataques de pânico e temia uma morte súbita e iminente. Felizmente procurou o tratamento e não resistiu a ele. Teve de aprender pouco a pouco a mapear seus conflitos, reconhecer sua imaturidade e reciclar suas necessidades neuróticas, em especial a de tentar compensar seu complexo de inferioridade com coisas fúteis.

Descobriu que estava perdendo as pessoas que mais amava. Entendeu o quanto era deselegante, mesmo quando queria "comprar" a esposa e os filhos com presentes. Com o passar dos meses foi aprendendo a reeditar as janelas traumáticas, a resgatar a liderança do Eu e a desenvolver as habilidades socioemocionais, em destaque a capacidade de expor e não impor suas ideias, colocar-se no lugar dos outros, ouvir o que os seus íntimos tinham a dizer e não apenas o que queria escutar.

Tornou-se, para espanto de todos, um engenheiro carismático de pontes sociais, um plantador de janelas *light*. Aprendeu a valorizar o essencial e minimizar o trivial, a valorizar o ser sem dar as costas totalmente para o ter.

No final do tratamento, estava tão agradecido que tirou uma caneta caríssima do bolso de sua camisa e me deu. Eu recusei o presente. Ele insistiu. Eu novamente disse que não queria. E afirmei que ninguém muda ninguém, que foi ele mesmo que se superou, que apenas fui o agente catalisador do processo, disponibilizando ferramentas para ele se reinventar. E acrescentei que, se a pegasse eu a perderia, pois ela não tinha significado para mim.

Mas ele estava tão motivado com sua consistente superação que enfiou a caneta no meu bolso e saiu. E, assim, ganhei minha primeira caneta de ouro. No outro dia ela desapareceu, como eu previa.

Os carismáticos aproveitam oportunidades para impactar

Do mesmo modo como ser simpático é um treinamento, ser carismático também o é. Todos os dias temos de treinar o Eu a ser um influenciador do ambiente emocional de quem amamos e com quem trabalhamos. Homens e mulheres que fazem a diferença no território um do outro não perdem a oportunidade de ser carismáticos.

Alguém pode argumentar: "Mas meus filhos e meu cônjuge sabem que os valorizo". Saber é uma coisa, expressar é outra. Saber não arquiva janelas saudáveis com frequência, expressar sim. Quem expressa planta um jardim na memória do outro. Muitos filhos só valorizam seus pais quando os perdem, pois estes não foram carismáticos, não souberam promover os filhos. Muitas parceiras só percebem o quanto seus parceiros foram fundamentais em sua vida depois que eles fecham seus olhos para a vida, pois não foram carismáticos, não souberam elogiá-las, aplaudi-las e torcer por elas visivelmente em vida. Fizeram tudo isso às escondidas, dentro de si. Erraram.

Muitos acham que seus familiares são obrigados a saber exatamente o que se passa dentro deles, sem a necessidade de se comunicar. Não entendem que o pensamento é virtual, que amamos o outro refletido em nós e não o outro em si. São sobrenaturais, acreditam na capacidade de seu parceiro ou parceira, filhos, amigos adivinhar o que sentem. Alguém pode ponderar: "Mas eu dou dinheiro, eu pago as contas, eu carrego o piano e toco piano dentro de casa", mas isso é insuficiente. Você tem de ser carismático se quiser ser reconhecido em sua essência. Se não elogiar e promover quem ama diariamente você acerta no trivial, mas erra no essencial.

Um ser humano carismático não usa as estratégias erradas para mudar os outros. Sabe que temos o poder de piorar os outros e não de mudá-los e influencia quem ama com reações diárias como estas: "Você está linda hoje", "Parabéns, a sua resposta foi muito inteligente", "Você foi incrível", "Sua paciência foi admirável", "Sua sensibilidade foi fenomenal", "Você vale o seu peso em ouro", "Que comida maravilhosa".

Nunca é demais recordar: os simpáticos são agradáveis, os carismáticos são admiráveis. Os primeiros são poetas do bom humor, os últimos são poetas da promoção. Você é um garimpeiro de ouro no solo das pessoas que ama? Aproveita as oportunidades para admirá-las e tornar-se admirável? Jamais se esqueça de que uma pessoa comum dá presentes em datas esperadas, mas uma pessoa carismática é especial e torna especial quem ama todos os dias.

9ª REGRA DE OURO DOS CASAIS SAUDÁVEIS

SER EMPÁTICO

Investir na superação de quem ama distribuindo sabedoria e encantamento

Três estágios do impacto social

Os empáticos reciclam o pessimismo, a morbidez, a sisudez e superam a necessidade neurótica de estar acima dos outros. São pais cativantes, professores marcantes, cônjuges que irrigam o afeto, executivos que libertam a criatividade dos seus liderados. São ecologistas do meio ambiente emocional, criam um microclima onde impera a serenidade e não as disputas. Tal como os carismáticos, não perdem a oportunidade de expandir ou realçar as características saudáveis dos seus íntimos, mesmo as que aparecem momentânea e superficialmente.

Ser empático é um passo além de ser simpático e carismático. É ser um distribuidor espontâneo de sabedoria e da arte de surpreender. É ser um transferidor do capital das experiências. Sua voz é branda, mas impactante. Seus comportamentos são generosos, mas penetrantes.

Os empáticos são poetas não apenas da promoção, mas da superação. São também poetas da vida, não escrevem poesias, mas vivem sua existência como se fosse uma poesia. Os empáticos são os pais, os amantes, os filhos, os amigos inesquecíveis e insubstituíveis. Eles fazem total diferença no tecido social.

Se 10% da população fosse simultaneamente simpática, carismática e empática, a humanidade seria outra. Teríamos mais museus e menos prisões, mais jardins e menos fábricas de armas, mais longevidade e menos homicídios e suicídios, mais abraços e menos acusações.

Os empáticos incluem e não excluem

Os empáticos recolhem as armas do pensamento. São lentos para condenar e rápidos para compreender. Reciclam seu preconceito, esvaziam-se de si mesmos quando estão observando e colocam-se no lugar dos outros. São inteligentes, têm a consciência de que o pensamento é virtual e que interpretar é modificar a realidade e, portanto, sujeito a inúmeras distorções pelo estado emocional, social e intelectual em que estamos. Como propulsores da maturidade, eles sabem que a verdade é um fim inatingível.

Minha teoria não apenas estuda a construção de pensamentos, mas também o processo de formação de pensadores. De todas as pessoas que analisei, como Descartes, Kant, Schopenhauer, Nietzsche, Sartre, Freud, Jung, Fromm, a pessoa mais carismática e empática foi Jesus. Só isso explica por que, quando foi traído pelo seu aluno mais culto, Judas Iscariotes, em vez de puni-lo, o acolheu assombrosamente. Chamou-o de amigo e lhe fez uma pergunta, que é o princípio da sabedoria na filosofia: "*Amigo, para que vieste?*".

O maior educador da história era tão impactante que reverteu o processo de traição em menos de 30 segundos. Levou Judas a jogar ao chão o preço da traição e quase o transforma num grande pensador, mas infelizmente Judas entrou na janela *killer* duplo P da culpa e atentou contra a própria vida. Os empáticos são mentes de rara inteligência, sensibilidade e humildade. Seu objetivo não é ganhar as discussões, mas conquistar as pessoas. São tão sábios que mesmo quando o mundo desaba sobre si estão ensinando a arte de pensar.

Os empáticos não têm a necessidade neurótica de estar sempre certos. São capazes de perguntar: "Onde foi que eu machuquei você e não soube?". São tão surpreendentes que não têm medo de pedir desculpas nem de dizer: "Eu amo você, dê-me uma nova chance".

Muitas celebridades, políticos, empresários, intelectuais, líderes religiosos se preocupam primeiramente em preservar sua imagem social e não em cativar e contribuir com as pessoas. Os que não são empáticos nunca abrem o portfólio de sua emoção, não descortinam sua dor, seus tropeços, suas angústias e suas fragilidades. Eles se escondem atrás de seu status social. Sofrem veladamente e comprometem sua qualidade de vida. Definitivamente não se amam. Não são empáticos nem para si nem para os outros.

Nada é tão tolo quanto a ilusão da imagem social, o brilho dos holofotes da mídia. Todos vamos para a solidão de um túmulo e o que fica são as marcas e cicatrizes que deixamos no solo da personalidade das pessoas. Um ser humano empático é capaz de falar sobre suas lágrimas para os outros aprenderem a chorar as deles. Transfere o que o dinheiro jamais pode comprar: o capital das suas experiências, seu legado socioemocional.

Aprendendo com as mulheres

Tenho seis mulheres em minha vida: minha esposa, mãe, sogra e minhas três filhas. Elas são inspiradoras, sem elas meu céu não teria estrelas. Mas não são fáceis de ser conhecidas. Os homens são toscos, rudes, facilmente os conhecemos. Mas as mulheres são tão complexas que o dia em que acharmos que conhecemos sua mente, devemos desconfiar veementemente do nosso diagnóstico. No máximo conhecemos a sala de estar da personalidade delas.

Sem as mulheres a humanidade não teria estrelas, mas como inventaram o cartão de crédito elas devem se preocupar em não ser estrelas cadentes. Claro, os homens também têm problemas com a educação financeira, mas é indubitável que a ditadura da beleza tem gerado coletivamente baixa autoestima e pressão para o consumo como medida de compensação. Nada furta tão rapidamente a simpatia, o carisma e a empatia do que crises financeiras.

A gestão da emoção passa pela gestão financeira. O gerenciamento da ansiedade passa por se preocupar em não espoliar os recursos do presente. O consumismo é uma lepra emocional. Uma mulher que lida bem com suas finanças, que administra com inteligência seus bens e seu futuro, impacta seu parceiro e vice-versa. No mundo capitalista, segurança financeira é vital para a sustentabilidade das relações sociais.

Outro ponto importantíssimo que as mulheres devem atentar é que ser empáticas implica não encerrar o diálogo quando feridas, frustradas, decepcionadas. Se houver clima para falar, se o ambiente não estiver excessivamente estressante, elas devem expor abertamente seus pensamentos e sentimentos. Calar-se nesse caso é um crime contra a solução dos problemas. Mas tanto homens quanto mulheres devem usar estratégias em ambientes difíceis. Precisam regular o tom de voz, não carregar nas palavras, não chantagear, não comparar, não ser repetitivos. E, além disso, jamais fazer generalizações do tipo: "Você não tem jeito", "Você sempre erra!". Essas generalizações são apelativas e inumanas, humilham o parceiro ou parceira, encerram o diálogo e arquivam janelas *killer*. Ao contrário, o cônjuge empático deve elogiar antes de expor falhas, ser altruísta antes de tratar de problemas.

Algumas mulheres podem dizer: "Mas meu marido ou parceiro é estúpido, radical, rude, duro. Não sabe se colocar no meu lugar". Mas nunca é tarde para aprender a linguagem da emoção! Estratégias corretas, como as que serão explicadas nas próximas páginas, podem arejar mentes incautas, difíceis e engessadas.

Casais marcantes

Casais empáticos são acolhedores, o amor entre eles é um manancial de generosidade, um oásis de tranquilidade, pois julgam menos e apostam mais. Ainda que vivam em apertadas residências, constroem um ambiente emocional espaçoso e inspirador. Casais egocêntricos são uma fonte de atrito e discórdias. Ainda que vivam em residências enormes lhes falta oxigênio para respirar, pois vivem julgando e criticando um ao outro. São especialistas em fechar o circuito da memória do cônjuge e dos filhos.

Casais empáticos, por falarem sobre suas perdas e frustrações, promovem e desenvolvem a resiliência, que é a capacidade de enfrentar contrariedades e crescer diante da dor. Casais egocêntricos, ao contrário, por se calarem sobre suas histórias, geram filhos frágeis, ainda que agressivos; tímidos, ainda que falantes dentro de casa; consumidores de produtos, mas não de ideias. Desprepararam-nos para ter resiliência, para compreender que não há céus sem tempestades. E, como digo no livro *Pais inteligentes formam sucessores, não herdeiros*, contribuem para formar filhos ansiosos, insatisfeitos, que reclamam de tudo, que vivem à sombra dos pais.

Casais empáticos se preocupam com o presente e o futuro socioemocional do seu parceiro ou parceira e de seus filhos e alunos. Por pensar antes de reagir, ensinam quem amam a não serem impulsivos e imediatistas, mas pacientes e disciplinados. Por aprenderem a expor e não impor as ideias, ensinam a não ter a necessidade neurótica de controlar os outros, mas o prazer de servi-los e enriquecê-los.

Casais egocêntricos não sabem se colocar no lugar um do outro. São incapazes de olhar o cônjuge com os olhos dele e descobrir o que está por trás dos comportamentos que desaprovam. São juízes e não amantes.

Uma pessoa empática não substitui as pessoas que ama por novelas, videogames, internet, celulares, bares. Tem-nas em altíssima conta, por isso estão sempre fazendo planos de ficar, viajar e ter atividades juntas. E você? Quando chega em sua casa promove um ambiente acolhedor e encantador? As pessoas que você ama são sua prioridade ou estão em segundo plano?

    Seres humanos empáticos são altruístas, equilibrados e proativos. E por serem proativos saem à superfície das relações sociais e perguntam com frequência para seu parceiro: "O que posso fazer para ajudá-lo a ser mais feliz?", "Que medos e pesadelos o assombram e eu desconheço?", "Conte comigo sem receios, estou aqui para compreender e não para julgar". Eles surpreendem e encantam o parceiro. Por isso, são capazes de dizer frequentemente: "Obrigado por existir!". Eles se refletem no outro de forma poderosa.

    Ser empático é dar um ombro para chorar e o outro para apoiar. Uma pessoa empática é a primeira a estender as mãos e a última a criticar. Ser empático, portanto, é uma ferramenta socioemocional vital na formação de relações saudáveis, felizes e realizadas e vale uma medalha de ouro.

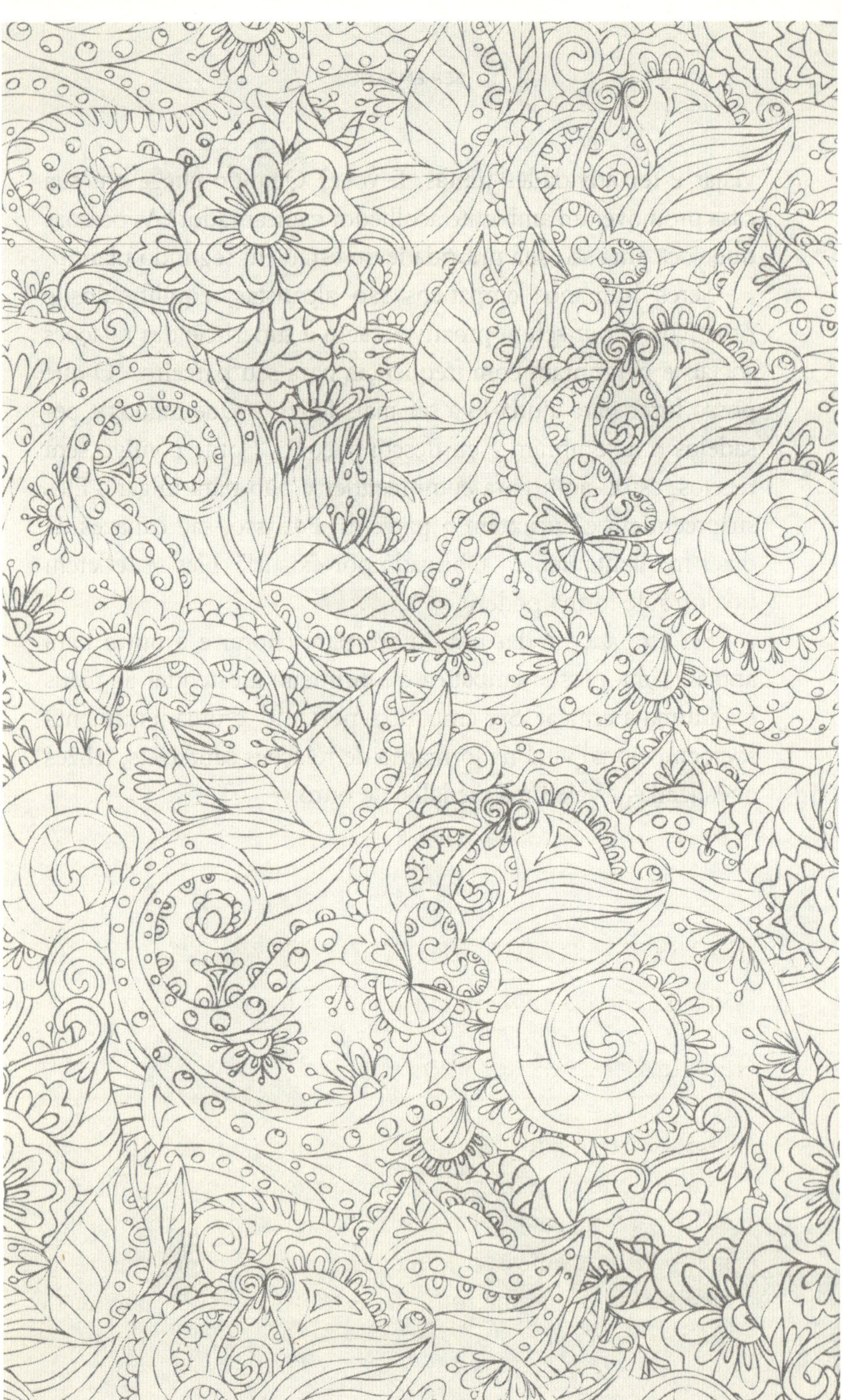

10ª REGRA DE OURO DOS CASAIS SAUDÁVEIS

SABER QUE TODA MENTE É UM COFRE

Não existem mentes impenetráveis, mas chaves corretas

Não suportamos ser ilhas virtuais

A regra de ouro que discutiremos aqui é, na realidade, um conjunto de ferramentas fundamentais para construir relações saudáveis e inteligentes. Devido à unidade básica da mente humana, o pensamento ser de natureza virtual, vimos que todo ser humano é uma ilha, ou seja, está próximo fisicamente e, ao mesmo tempo, infinitamente distante das pessoas que o rodeiam. Nenhum ser humano suporta esse "ilhamento".

Essa solidão gerada pela consciência, como afirmei, produz uma ansiedade vital que movimenta irrefreavelmente a produção dos próprios pensamentos e das emoções e a construção de relações sociais. Portanto, ao contrário do que muitos psiquiatras, psicólogos, pedagogos e sociólogos imaginam, pensar não é apenas uma opção consciente do *Homo sapiens*, mas uma inevitabilidade. Pensamos como tentativa desesperada e inconsciente de romper o cárcere do "ilhamento" virtual para que possamos nos conectar conosco e com o continente social.

Procurar pelo outro, relacionar-se com ele, sentir amor, respeito, reconhecimento, exaltação, acolhimento, apoio, compreensão são manifestações conscientes saudáveis desses fenômenos inconscientes. Já rejeição, raiva, ódio, ciúme, discriminação, exclusão, humilhação são manifestações conscientes doentias da necessidade vital desse ser ilhado e que procura ser incansavelmente social. Ricos e miseráveis, reis e súditos, psiquiatras e pacientes, enfim, todos nós somos seres sociais não apenas porque o desejamos, mas porque é inevitável sê-lo.

Por mais frustrante que tenha sido um relacionamento anterior, um ser humano se arriscará a ter uma nova relação, ainda que seja com personagens criados em sua imaginação. Por mais que alguém tenha sido traído, ferido, injustiçado, cedo ou tarde a solidão da consciência virtual vai asfixiar o território da emoção e o levará a procurar alguém.

Quem pensa em morrer ou terminar o círculo da existência no fundo tem sede e fome de viver, de participar, amar, ser aceito e mesclar-se com os outros. Embora não o saiba, quem pensa em suicídio quer eliminar as pontes mal construídas geradas pela solidão paradoxal da consciência virtual e não a existência em si.

A saúde social depende da qualidade das pontes sociais

Todos os dias procuramos construir avenidas e ruas sociais, mas infelizmente nem sempre somos educados e equipados para executar essa construção. Sentir-se só em meio a multidões é angustiante. Sentir-se só por ter abandonado a si mesmo é mais estressante.

Nada do que pensamos sobre nós incorpora a realidade do que somos. É um sistema de intenções que acusa e discursa, mas não representa nossa essência. O pensamento que temos sobre nós é distorcido, contaminado. Por isso a timidez, que representa uma distorção irracional sobre quem somos, é tão comum. Usando o instrumento virtual dos pensamentos muitas pessoas diminuem-se, inferiorizam-se, apequenam-se. De outro lado, usando o mesmo pensamento virtual, muitos distorcem sua realidade, engrandecendo-se irracionalmente, bebendo das fontes do orgulho e da autossuficiência.

Sei que tudo isso é difícil de entender, mas no final das regras de ouro dos casais saudáveis defendo a tese de que pensar não é um ato banal, mas sofisticadíssimo e sujeito a tantas emboscadas que deveríamos fazê-lo com responsabilidade, esvaziando o máximo possível de nós mesmos e procurando sentir, ver e ouvir o máximo possível como os outros. Uma tarefa impossível, mas que diminui as grotescas e aviltantes margens de erros.

A qualidade das pontes sociais determina a qualidade de nossas relações e de nossa emoção. O vazio, o tédio, a falta de sentido de vida, o humor depressivo, o complexo de inferioridade, a autopunição são manifestações frustradas do desejo incontrolável do ser humano de ser parte do outro, de tocá-lo e assimilá-lo.

O Eu, como gestor da mente humana, deve ser educado e treinado para elevar o nível das pontes sociais entre casais, pais e filhos, professores e alunos, executivos e colaboradores. Ele tem de usar com maestria as ferramentas aqui expostas e outras. Tem de saber que vai encontrar em seu caminho pessoas difíceis, teimosas, radicais, engessadas, paranoicas, ciumentas, fóbicas, tímidas, hipersensíveis, insensíveis, punitivas, coitadistas, conformistas.

O que fazer? Desistir? Jamais. Até porque nós também não somos perfeitos. Nós também somos complicados e estressamos os outros. Devemos entender que *toda mente é um cofre, não existem mentes impenetráveis, mas chaves corretas*. Infelizmente somos especialistas em arrombar o cofre das pessoas. Vimos ao longo desta obra que usamos inúmeras estratégias erradas.

Milhões de americanos, asiáticos, europeus, africanos pensam que são deuses quando se relacionam com o outro. Creem que são capazes de mudar as complexas matrizes da memória que definem uma personalidade. Somos ingênuos. Não entendemos que simples características, como autocontrole e generosidade, dependem de grandes plataformas de janelas e sofisticados circuitos da memória, que, só para dar uma ideia, são metaforicamente mais complexos que as cidades de Nova York, Pequim ou Tóquio.

Não entendemos que ninguém muda ninguém, que temos o poder de piorar os outros e não de mudá-los. Lembre que a melhor maneira de transformar uma pessoa teimosa em superteimosa é tentar mudá-la. A melhor maneira de adoecer ainda mais uma pessoa já tímida, fóbica, insegura, radical é pressioná-la a mudar.

Precisamos de chaves corretas para abrir o mais complexo dos cofres, a mente das pessoas. O cofre mais hermético se abre com pequenas chaves, com delicadeza, com segredos e códigos. E quais são essas chaves? São muitas e complexas. Já vimos algumas: ser simpático, carismático, empático, superar o cárcere do fenômeno bateu-levou (CIFE-K), superar o cárcere da rotina (CIFE-P), resolver os mais diversos níveis de solidão. Agora vamos continuar avançando e ver outras chaves fundamentais. Cada uma delas é uma ferramenta de ouro.

1ª chave: Não ser um agiota da emoção (não cobrar excessivamente; reciclar a lei do menor esforço e os atalhos mentais)

Gostaria de enfatizar que as técnicas que proponho jamais deveriam substituir o tratamento psicoterapêutico e psiquiátrico quando necessário, mas sim devem complementá-lo. Os psiquiatras e psicólogos também podem usá-las sistematicamente em seus consultórios. Elas fazem parte das minhas aulas de mestrado e doutorado em diversas áreas das ciências humanas.

Um agiota financeiro é um contraventor. Ele confia num devedor quando ninguém mais confia, mas cobra caro por isso. No fim do século passado na Inglaterra, um homem chamado Gerard Ló cobrava 25% por semana dos seus credores, o que lhe rendia mais de 10.000% ao ano. Foi preso.

E o que é ser um agiota da emoção? São os parceiros que se doam à parceira e vice-versa, mas cobram caro por isso. Exigem distinta atenção, querem um retorno intenso e reconhecimento completo. Têm a necessidade neurótica de que seus colegas de trabalho e, em destaque, seu cônjuge e filhos vivam na sua órbita.

Quem é autor da sua história não cobra excessivamente, não constrange seus pares, não controla quem ama. Cobranças excessivas passam pela utilização das ferramentas erradas já comentadas: aumento do tom de voz, sermões, chantagens, punições, comparações e excesso de críticas. Todas essas estratégias estimulam o fenômeno RAM a arquivar janelas traumáticas, cristalizando características inapropriadas.

A cobrança excessiva esfacela a liberdade, bloqueia a sua capacidade de se superar e se reinventar. Casais doentes são especialistas em cobrar um do outro. Estão aptos para trabalhar numa financeira, mas não para ter uma bela história de amor. Eles respiram a lei do menor esforço. O que representa essa lei? É a atuação superficial e doentia do Eu usando um raciocínio diminuto, cortante, destituído de complexidade. A lei do menor esforço representa os atalhos mentais. Alguns exemplos desses atalhos são o ciúme, a inveja, críticas, reações instintivas, a necessidade de ser o centro das atenções.

Muitos casais, incluindo não poucos namorados, entre os quais destaco os adolescentes, são vítimas desses atalhos mentais e por isso são rápidos em machucar um ao outro. Eles têm um ciúme irracional do parceiro ou parceira. São livres porque vivem em sociedades democráticas, mas são escravos porque estão encarcerados no território da emoção.

Um parceiro verdadeiramente maduro não tolhe nem asfixia quem ama. Ao contrário, dá-lhe liberdade, inclusive para partir, pois sabe do próprio valor, não aceita ser querido por pressão, chantagem ou manipulação, enfim, pelos atalhos mentais, mas por doses elevadas de espontaneidade. Se for abandonado quem perderá será o outro, pois ele ou ela procurará ser mais saudável e feliz.

Um parceiro inteligente é um *gentleman*. Não arromba o "cofre" psíquico de quem está ao seu lado. Sabe que o verdadeiro amor nasce quando se cobra menos e se doa mais. Sabe que uma relação só vale a pena se ele for primeiramente amado pelo que é e não pelo que tem.

Treinar para não ser um agiota da emoção passa pela consciência da complexidade das relações humanas, pela convicção de que não há casais perfeitos nem plenamente saudáveis. Quando somos delicados não cobramos, o outro fica impressionado, impactado, abre o cofre da sua mente para pensar em outras possibilidades. Quando cobramos contundentemente fechamos o circuito da memória dele, o pioramos.

Uma relação sem crises, conflitos e dificuldades mínimas é impossível entre nós, seres humanos. Ficamos decepcionados e decepcionamos, por mais que amemos e sejamos amados. A teoria das janelas da memória evidencia que podemos fechar o circuito da memória e ferir pessoas que nos são caras nos primeiros segundos de tensão. Não há gigantes nem pessoas infalíveis. Todos precisamos treinar a ser poetas do bom humor, da promoção do outro, da superação, da tolerância, da solidariedade.

É mais feliz quem perdoa mais e cobra menos. É mais saudável quem reconhece a própria estupidez e procura corrigi-la. É mais estável quem investe o melhor do que tem naqueles que pouco têm. As pessoas que você hoje levanta e abraça poderão ser as que um dia o levantarão e abraçarão.

2ª chave: Doar-se sem esperar a contrapartida do retorno

Animais não nos apequenam, dominam ou excluem, mas pessoas a quem nos doamos e amamos, como nosso parceiro ou parceira, filhos, alunos, amigos, podem invadir nossa psique e fragmentar nosso sentido existencial, imprimindo culpa e angústias.

Conviver com pessoas é uma das tarefas mais saturadas de aventuras da agenda humana. Nada irriga a emoção com tantas alegrias e nada produz tantos dissabores. Nada motiva tanto nossa capacidade de lutar que os relacionamentos que construímos e nada se torna tanto um banho de água gelada.

Animais de estimação podem nos aborrecer, mas só as pessoas caras podem nos decepcionar, trair, ferir muitíssimo. Animais jamais nos dão as costas, mas pessoas que amamos podem nos machucar nas raízes de nossa emoção. Por isso, uma das chaves mais importantes nas relações sociais é doar-se, mas diminuir ao máximo a expectativa do retorno. Isso não significa apenas não cobrar, mas também não esperar reconhecimento, pelo menos intenso.

Não é uma tarefa intelectual simples. Depende da educação sistemática da emoção, pois estamos viciados em esperar um retorno excessivo do nosso círculo íntimo. O desprendimento é fundamental para abrir o cofre da nossa mente e dos outros, desarma-os, retira-os das armadilhas das janelas *killer*.

Doe-se sem medo para o seu parceiro ou parceira, mas diminua ao máximo a expectativa de retorno. Lembre que cobrar muito dos outros os traumatiza e esperar muito deles é traumatizante. Ser um agiota da emoção dos outros é ser um carrasco deles, ter expectativas enormes em relação aos outros é ser algoz de si mesmo.

3ª chave: Conquistar primeiro o território da emoção para depois conquistar o território da razão (desarmar)

A melhor maneira de contribuir com alguém é primeiro conquistar o território da emoção para depois se voltar ao da razão. Se nosso parceiro nos frustrou, apontou indelicadamente uma falha e invadiu nossa privacidade, ele nos remete como num raio de luz para dentro das janelas *killer* que fecham o circuito da memória. Creio que esse mecanismo já ficou claro. Mas como corrigi-lo ou tratar do problema? Como abrir o cofre da mente do outro? Se nos irritamos e perdemos a paciência, fechamos o cofre de sua mente. Se os acusamos e agredimos, igualmente.

Normalmente usamos chaves erradas. Muito provavelmente mais de 90% das correções que os casais tentam imprimir um ao outro fecham mais ainda a caixa-forte de sua psique. A melhor atitude nos focos de tensão é mudar radicalmente a estratégia.

Em todas as minhas conferências internacionais tenho dito que uma pessoa inteligente não deve tentar arrombar o cérebro dos outros, sejam eles filhos, alunos, cônjuge ou outras pessoas. Além de ser uma violação, isso não funciona. A estratégia fenomenal é primeiro abrir as janelas *light* e depois tratar das *killer*. Primeiro conquistar o território da emoção e depois o da razão. Enfim, primeiro valorizar a pessoa que erra para depois tocar em seu erro, falha, incoerência, "loucura".

Fazer o contrário é desconhecer o funcionamento da mente, as armadilhas das janelas traumáticas. É não ter a mínima consciência da perniciosa e misteriosa síndrome do circuito fechado da memória (CIFE) *killer* e psicoadaptativa. Lembre-se das ferramentas anteriores. Precisamos ser carismáticos e empáticos, surpreender, elogiar e mostrar que valorizamos quem pretendemos ajudar e, num segundo momento, explicar generosamente seu comportamento inadequado. Essa técnica pode não funcionar no curto prazo, mas geralmente funciona no médio e longo prazo. Ela respeita integralmente os direitos humanos.

Usar essa ferramenta é um apelo à inteligência, faz com que as pessoas que pretendemos orientar ou corrigir se desarmem, saiam das fronteiras dos traumas, expandam o território de leitura de sua memória. Os seres humanos desde os primórdios da civilização humana constroem coliseus sem nunca terem vivido no império romano. Digladiam com o parceiro ou parceira, com seus filhos e com outras pessoas. Gastam energia de forma estúpida apontando falhas e em eternas e inúteis discussões.

Você constrói coliseus na sua casa e trabalho ou é um especialista em desarmar as pessoas? Procura primeiramente conquistar o território da emoção para depois conquistar o da razão ou é um trator passando sobre os erros e atitudes impróprias dos outros? Infelizmente muitos casais, pais, professores, executivos, cometem mais erros ao corrigir alguém do que o próprio erro cometido pela pessoa. São promotores e não solucionadores de conflitos.

Quem conquista o território da emoção desenha no solo da memória das pessoas caras uma imagem solene. Pode ser pequeno por fora, mas será gigantesco por dentro. Suas palavras podem ser brandas, mas serão ouvidas. Suas atitudes podem ser generosas, mas terão impacto.

No entanto, se você precisar elevar o tom de voz para ser ouvido ou se precisar pressionar as pessoas para que o respeitem, tenha certeza de que você pode ser grande fora, mas é pequeno dentro de quem ama. Terá sucesso exterior, mas fracassará no único lugar onde todos nós deveríamos ter sempre sucesso...

4ª chave: Ser um bom comprador no mercado da emoção (não comprar o que não lhe pertence)

Você teria coragem de comprar num supermercado um quilo de alimento malcheiroso ou com o prazo de validade vencido? Teria coragem de pagar caro por uma pedra comum ou um pedaço de madeira se alguém a vendesse? Perguntas banais. Claro que não teríamos! Somos treinados a fazer contas, a entender o valor dos produtos físicos.

Mas e no mercado da emoção, temos esse treinamento? Somos espertos, compramos só o que tem valor? Infelizmente não. Um olhar atravessado é capaz de estragar o dia do parceiro. Uma crítica é capaz de furtar sua tranquilidade e destruir a semana. Uma traição é capaz de comprometer uma vida inteira.

Somos péssimos consumidores emocionais. Não temos proteção psíquica. Nossa emoção é uma terra sem dono. Qualquer um a invade. Pagamos caro por estímulos estressantes. Um intelectual no topo da carreira acadêmica, depois de defender o doutorado e o pós-doutorado, pode ser superculto, mas pode tropeçar em pequenas coisas. Uma injustiça de alguém íntimo pode destruir sua paz. Somos assim, marcadamente humanos, marcadamente desprotegidos. Nossas escolas nos ensinaram milhões de dados, mas falharam em ser uma Escola da Inteligência socioemocional. Nunca nos ensinaram que a emoção pode e deve ser protegida.

Temos uma preocupação neurótica com o que os outros pensam e falam de nós. Não entendemos que o pensamento, seja ele canalizado por crítica, injustiça, difamação ou ofensa, é de natureza virtual e, portanto, só pode nos invadir, ferir e destruir a nossa tranquilidade se o permitirmos, se o comprarmos. É exatamente isso que quero dizer. O mundo todo pode dizer injustamente que você é um crápula, irresponsável, antiético, relapso, desinteligente, estúpido, egoísta, egocêntrico, mas é você mesmo que decide se essas injustiças o afetarão ou não. Só o Eu pode materializar, pelo crédito que dá aos estímulos estressantes, o que é virtual no território emocional. Esse fenômeno é de extrema complexidade. E indica que o nosso maior inimigo somos nós mesmos.

Neste exato momento, enquanto escrevo estas palavras, há milhares de pessoas chorando e se deprimindo pelos comportamentos dos outros. Algumas pessoas, incluindo jovens, estão à beira do suicídio por não terem proteção emocional. Elas não têm a mínima consciência de que no fundo são elas mesmas que permitem serem machucadas. Se soubessem, dariam um choque de lucidez em sua ingenuidade e fragilidade. Você dá um choque de lucidez em seus pensamentos perturbadores? Usa essa chave para se agasalhar e agasalhar os outros?

Infelizmente, a cada 4 segundos uma pessoa tenta o suicídio no planeta e a cada 40 segundos uma pessoa consegue tirar a vida, ou seja, entre 10 e 20 milhões tentam e 1 milhão consegue. O pensamento é usado erroneamente para nos autopunir, autodestruir, autoabandonar e autocobrar, levando-nos a ser carrascos de nós mesmos. Você é um protetor ou um algoz de si mesmo?

Todo ser humano sonha em ceifar sua dor e não sua vida. E normalmente a dor mais aguda é aquela imprimida nas relações doentias com os outros e consigo. Por nada e por ninguém deveríamos atentar contra a vida. Além da técnica preventiva do DCD (duvidar, criticar e determinar), o Eu deve sair de sua passividade infantil e gritar no silêncio mental dezenas de vezes: *"Meu cofre psíquico não é terra de ninguém. Minha mente é um solo que tem proprietário. Nenhuma exclusão, decepção, traição, humilhação, crise social e financeira vai me tornar um carrasco de mim mesmo"*.

As pessoas se matam e frequentemente adoecem porque seu Eu é ingênuo, frágil, lento, relapso, enfim, um comprador irresponsável de estímulos estressantes. Pagam a preço de ouro o lixo que encontram. Alegro-me com as notícias que recebo, de que centenas ou milhares de pessoas preveniram o suicídio utilizando as ferramentas que expliquei amplamente nas minhas mais de 30 obras. Seu Eu saiu da condição de espectador passivo da plateia, entrou no palco e aprendeu a dirigir o próprio *script*.

Casais ingênuos não têm um sistema autoimune emocional. Acertam em coisas tangíveis, mas erram absurdamente no invisível. Não sabem minimamente como filtrar estímulos estressantes. Todas as pessoas que se estressam, atritam, discutem e se irritam com facilidade têm um Eu emocionalmente imaturo, ainda que sejam presidentes de uma nação ou de uma megaempresa. Essas pessoas são péssimos mercadores emocionais. Compram o que não lhes pertence. São como para-raios, atraindo para si tempestades que não produziram.

Se a pessoa for uma consumidora emocional madura, os estímulos estressantes não terão grande impacto no psiquismo dela. Ela se interiorizará e indagará sempre: "Isso me pertence?

Fui o causador desse problema? Se não fui, me recuso a comprá-lo e sofrer por ele!".

Nosso comportamento de não nos perturbar com as atitudes estúpidas e reações incoerentes do nosso parceiro ou parceira, filhos, alunos e colaboradores surpreende-os e abre a mente deles, pois eles passarão a admirar-nos e se desarmarão para que possamos influenciá-los. Mas se, ao contrário, qualquer ofensa, perda, frustração, crítica furtar a nossa tranquilidade, destruirá a nossa saúde emocional e o prazer de viver e adoecerá os outros, que fecharão o cofre da sua mente.

Ninguém muda ninguém, como comentei, mas podemos influenciar os outros a mudarem a si mesmos, a se reinventarem, construírem plataformas de janelas no córtex cerebral. Mas, frequentemente, por não ter proteção emocional e não ser carismática e empática, grande parte dos casais, dos pais e dos professores tem uma paupérrima capacidade de influenciar as pessoas que ama. E você, é estéril ou um influenciador de pessoas? É um consumidor emocional maduro e responsável?

5ª chave: Cultivar a autoestima e a autoimagem

Autoestima e autoimagem são fundamentais para a estabilidade e a profundidade da relação de um casal. Sem uma autoimagem madura, a personalidade contrai sua autoconfiança, o intelecto asfixia sua criatividade, o psiquismo como um todo não tem esperança ou ousadia. Sem uma autoestima sólida, a mente não tem inspiração, a emoção não tem segurança, a qualidade de vida fica combalida.

Em minhas conferências sempre pergunto, inclusive a uma plateia constituída de médicos e psicólogos: "O que tem de mudar primeiro, a autoestima ou a autoimagem?". Faço a mesma pergunta ao leitor. Praticamente todos respondem que é a autoestima. A resposta está errada.

A autoestima é a maneira como você se sente em relação à beleza física e psíquica e a autoimagem é a maneira como o Eu se vê, se interpreta, se posiciona no mundo, seja no mundo profissional, social ou afetivo. A maneira como você se enxerga determina a maneira como você se sente. Portanto, quem tem de mudar primeiro é a autoimagem. Muitas pessoas passam décadas incapazes de se reciclar porque primeiro querem mudar sua autoestima e não seu Eu e sua consequente autoimagem.

Se você não tem autoconfiança, não espere sentir-se seguro. Se não crê no seu potencial intelectual, não espere ter grandes possibilidades de superar sua timidez, conflitos, fobias, ou seja, reconstruir sua autoestima. Se não tem convicção na sua capacidade de aprender, não espere superar suas limitações. Se não acredita na sua capacidade de se reinventar, não espere conseguir encantar as pessoas que não o admiram. Se não crê que a beleza está nos olhos de quem vê, não espere sentir-se belo mesmo não tendo um corpo dentro dos padrões tirânicos de beleza. Portanto, a autoimagem é que carrega a autoestima.

Hoje, apesar de as mulheres felizmente terem se emancipado, o sistema machista ainda as apedreja, fere e asfixia. Coloca o corpo delas, em destaque as que são a exceção genética, as modelos esguias, magérrimas e bem torneadas, como padrão ditatorial de beleza. Todo esse sistema de marketing é massacrante, arquivando no centro da memória (MUC, ou memória de uso contínuo) múltiplas janelas *killer* duplo P, que encarceram a autoimagem e retroalimentam a autopunição.

Mulheres de todas as sociedades modernas vão diante dos espelhos e fazem a pergunta fatal: "Espelho, espelho meu, existe alguém com mais defeito do que eu?". Algumas pesquisas apontam que apenas 3% das mulheres se veem belas. Um desastre emocional sem precedentes. O mesmo processo de destruição da autoimagem e da autoestima também está abarcando os homens. Há mais de dez anos denunciei esse fenômeno e quase fui apedrejado por uma revista.

As mulheres, bem como os homens, não são livres para se ver e se sentir nessa sociedade consumista com seus estereótipos inumanos. Deveriam ter um caso de amor com seu patrimônio genético, com sua estética física e seu conteúdo e habilidades psíquicas. Há mais de 50 milhões de pessoas morrendo de fome no mundo, vítimas de anorexia nervosa, sendo que a maioria é constituída de mulheres jovens. Estão só a pele e ossos embora tenham alimento sobre a mesa.

Promover diferenças entre ricos e pobres, intelectuais e iletrados, políticos e eleitores, brancos e negros, modelos fotográficos e pessoas com um corpo normal é promover uma fábrica de pessoas emocionalmente ansiosas, inferiorizadas e angustiadas. Essa cultura louca e insana faz com que a inteligência socioemocional delas seja contraída, fragmentada, asfixiada.

Eu gosto de ver filmes, aliás muito provavelmente cada um de meus romances psiquiátricos será filmado anualmente, começando por *O vendedor de sonhos* e *O futuro da humanidade*. Mas pergunto: o cinema discrimina as mulheres? Não apenas a TV, a indústria da moda e o marketing de produtos exaltam a exceção genética, mas também o cinema. Você já viu um casal de gordinhos fazendo um par romântico? Só em comédias. Mesmo a história do ogro e da princesa em *Shrek* é uma comédia. Mas a vida não é uma comédia. Noventa e nove por cento das mulheres não têm o corpo que as modelos possuem. E nem as modelos são felizes por isso, pois também são massacradas pelo padrão tirânico de beleza. E quem cuida da saúde emocional delas?

As mulheres, modelos ou não, deveriam gritar diariamente em sua mente: "Que se dane o padrão ditatorial de beleza. Vou ser feliz, mesmo que ganhe alguns quilos, pois a beleza exterior e interior é meu patrimônio particular". Mas é muitíssimo triste saber que, no exato momento em que você está lendo este livro, múltiplas jovens estão diante do espelho mutilando-se porque detestam uma ou mais áreas de seu corpo. Como afirmei, elas deveriam bradar, gritar, proclamar que são belas porque são seres humanos, porque são únicas.

Todas as vítimas da anorexia e da bulimia, como sempre instiguei em meu consultório, deveriam reagir, conquistar um Eu forte, líder de si mesmo, que se rebela contra o complô dos dois fenômenos inconscientes (gatilho e janela *killer*) que abrem as comportas dos fantasmas emocionais sequestradores de sua autoimagem e autoestima.

Mais de 1 bilhão de mulheres rejeitam uma área do próprio corpo. São especialistas em ver defeitos em seu corpo. E, o que é pior, propagandeiam para seu parceiro o que detestam. Por exemplo dizem: "Querido, meu culote está horrível!". Muitos homens nem sabem o que é culote e indagam: "Você está dando calote, mulher?". Para eles aquela área do corpo era sensual, mas o que antes não viam passam a ver, como por uma lupa. Plantou-se a janela *killer* no inconsciente deles asfixiando, desse modo, um pouco do belo romance.

As mulheres, em vez de vender sua baixa autoestima, deveriam vender sua elevada autoimagem. Deveriam proclamar com todas as letras algo como: "Sou linda, maravilhosa, inteligente e você faz um grande negócio em viver comigo. E olhe lá. Se não me quiser tem quem me queira. Eu me quero!".

Em nossa sociedade exclusivista e insana é vital que as mulheres se exaltem e se promovam, que arquivem diretivamente plataformas *light* em seu parceiro. Isso não é ambição e orgulho, mas saúde e estabilidade emocional. O cofre da mente dos homens se abre diante de uma mulher segura e autoconfiante, mas se fecha diante de uma mulher especialista em reclamar, se autopunir e se inferiorizar. E vice-versa.

Como está a relação do seu Eu consigo mesmo? É o sistema que dita o que você pensa ou é o seu Eu que está no comando da sua mente e, por estar no controle, tem plena convicção de que a beleza está nos olhos de quem vê? Uma pessoa com a autoimagem e a autoestima fragmentadas não apenas deprime sua emoção, mas deprime também seu romance.

6ª chave: A mais importante das regras de ouro dos casais inteligentes: só somos felizes quando investimos na felicidade dos outros
– A Escola da Inteligência

De todas as regras ou ferramentas de ouro aqui expostas a mais nobre, a mais completa e a mais impactante é que só somos felizes e saudáveis quando saímos das raias do individualismo e egocentrismo e investimos na qualidade de vida e bem-estar socioemocional do outro. Essa ferramenta também tem outro nome fascinante: *Escola da Inteligência.*

Transformar a relação entre casais, pais e filhos, professores e alunos, executivos e colegas de trabalho numa escola de inteligência socioemocional é o maior de todos os desafios. A Escola da Inteligência engloba todas as ferramentas expostas neste livro. Se você parar de "aprender" a "aprender" e parar de ensinar o que aprendeu, estará fora da Escola da Inteligência, terá perdido a capacidade de se reinventar, se reciclar e se doar. A vida terá pouco sabor, a existência terá pouco sentido, a mente deixará de ser criativa, a emoção deixará de ser contemplativa, o trabalho não será inspirador, as relações entre pais e filhos deixarão de ser uma fonte de aventura, os romances se converterão numa fonte de estresse e de tédio.

Mesmo depois do caos, até quando o mundo desaba sobre nós, é possível crescer, destilar notórios aprendizados e resgatar o sentido da vida. Qualificar nossas relações, aguçar nossa capacidade de resposta, irrigar nossa qualidade de vida em altos níveis, desenvolver uma mente livre e emocionalmente saudável não ocorre ao acaso e nem é um dom genético adquirido de nossos pais, mas depende da postura do Eu como eterno aprendiz.

Como psiquiatra e autor de uma das poucas teorias atuais sobre o desenvolvimento global da inteligência, sobre o processo de construção de pensamentos e sobre os papéis do Eu como gestor da mente humana, entristeço-me muitíssimo ao constatar que a humanidade ainda está na sua infância emocional, embora vivamos na era digital.

Alguns paradoxos gritantes confirmam essa infância emocional: somos treinados para dirigir carros, mas não aprendemos minimamente a dirigir o veículo da nossa mente, a gerenciar pensamentos e administrar a ansiedade; somos preparados para viajar para o mundo exterior, percorremos outros continentes e até outros planetas, mas não temos qualquer preparo para percorrer as avenidas do mundo que somos, permanecemos na superfície do planeta psíquico; fazemos seguro de todos os tipos para preservar nossos bens, mas não aprendemos minimamente a fazer o seguro psíquico para preservar nossa tranquilidade e saúde emocional, qualquer estímulo estressante nos invade; preocupamo-nos em ter empresas sustentáveis, mas não nos preocupamos com a mais complexa empresa, a única que não pode falir, a mente humana; somos conectados com o mundo pela internet e pelas redes sociais, mas não aprendemos a nos conectar conosco, sequer aprendemos a dar um choque de lucidez nos nossos fantasmas emocionais, como medos, timidez, ansiedade, tendências à autopunição e à autocobrança.

Diante de tudo isso, não é sem razão que mais de 3 bilhões de pessoas desenvolverão um transtorno psíquico ao longo de sua vida. Algo tão dramático como as piores guerras. Quanto pior a qualidade da educação, quanto menos nos colocarmos na escola da inteligência, mais importante será o papel da psiquiatria e psicologia clínicas.

É preocupante saber que, de crianças a adultos, ninguém erra o endereço da própria residência, mas raramente encontra um endereço dentro si mesmo. É angustiante saber, como digo no livro *Ansiedade*, que as crianças e adolescentes são atoladas de atividades, plugados sem limites na internet e smartphones, viciados em estímulos rápidos e prontos, gerando uma agitação mental sem precedente na história, produzindo coletivamente a síndrome do pensamento acelerado, que simula sintomas da hiperatividade.

Como já comentado, há dezenas de milhões de crianças e adolescentes em todas as nações modernas tendo sua criatividade e capacidade de se aventurar asfixiadas, vivendo quase que um trabalho intelectual escravo legalizado e poucos se abalam. Tenho denunciado esse fenômeno em dezenas de países. E precisamos nos alertar urgentemente. Infelizmente adultos e crianças estão vivendo uma das minhas cohecidas teses: se a sociedade o exclui a solidão é tolerável, mas se você mesmo se abandona ela é insuportável.

Vendo, preocupado, por onde caminha a juventude mundial, desenvolvi no meu instituto o programa Escola da Inteligência, que contempla as ferramentas mais importantes da inteligência socioemocional. Foram mais de quinze anos de construção. E renunciei aos direitos autorais desse programa para que ele seja acessível a alunos de todo mundo e já há muitos países interessados em exportá-lo. O programa Escola da Inteligência ensina as regras de ouro das relações saudáveis e muito mais. Ele é inserido na grade curricular das escolas do ensino infantil, passando pelo fundamental até chegar ao ensino médio. Imagine um programa que tem como objetivo melhorar a concentração, o raciocínio complexo, a interação, o altruísmo. Continue imaginando um programa para proteger a emoção, gerenciar a ansiedade, debater ideias, desenvolver o carisma, a empatia. Não é um programa infalível, mas mais de 200 mil alunos já estão aplicando as ferramentas para que o Eu deles aprenda a ser o autor da sua história, o líder de si mesmo, um construtor de relações saudáveis. Os resultados são muito animadores.

É perturbador saber que provavelmente 80% dos casais destroem seus romances nos primeiros dez anos de relacionamento. Ainda que não tenham se separado, não se motivam mutuamente, vivem sob o sistema bateu-levou, compram o que não lhes pertence, não protegem minimamente sua emoção, não irrigam a personalidade um do outro com carisma e empatia. Definitivamente não somos bons alunos da escola da inteligência, não sabemos investir no território psíquico.

A existência humana deveria ser um eterno aprendizado. Como disse, nela não há seres humanos acabados, mas seres humanos em construção. Prevenir é a chave. Mas somos lentos em detectar os fantasmas psíquicos que sugam o que nós, nosso parceiro ou parceira e nossos filhos têm de melhor.

Milhões de casais estão destruindo sua relação sem preparo algum por não conhecer as armadilhas da mente e as chaves adequadas para contribuir um com o outro. São engessados pelo orgulho e autossuficiência.

Muitos casais não sabem que o amor saudável exige evolução. Eles o asfixiam porque perderam a capacidade de aprender. A durabilidade e qualidade do amor dependem do quanto estamos dispostos a mapear nossas falhas e reescrevê-las. O amor inteligente exige coragem para corrigir rotas e humildade para reconhecer erros. Sem esses elementos a falência emocional bate às portas.

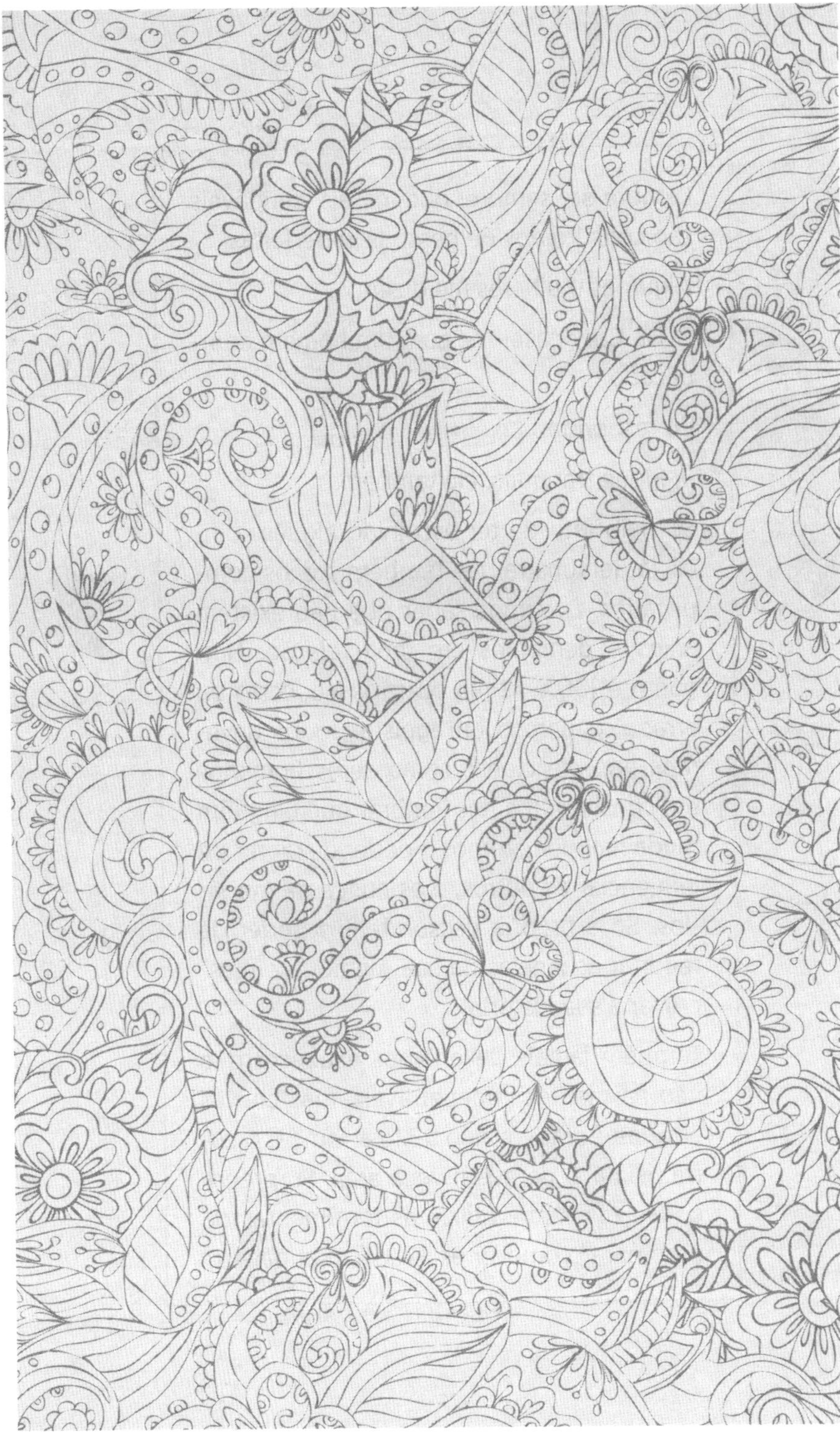

Lembre-se sempre que casais saudáveis são constituídos de pessoas imperfeitas.

Algumas mulheres me dizem:

— Dr. Cury casei-me com um homem complicado.

Eu respondo:

— Fique tranquila, ele também...

Só pelo fato de ter escolhido alguém difícil, já demonstra que também somos complicados. Devemos saber que não existem anjos e demônios em uma relação. Ninguém é 100% vítima ou carrasco, certo ou errado, generoso ou egoísta. Todos devemos nos posicionar como seres humanos em construção e nos lembrar que ninguém muda ninguém, temos o poder de piorar ou influenciar os outros, mas nunca de mudá-los. Só a própria pessoa tem o poder de reeditar as janelas da sua memória e reescrever a sua história.

Também jamais deveríamos esquecer que não há mentes impenetráveis, mas chaves erradas. Por favor, não tente arrombar o cofre psíquico de quem você ama. Surpreenda, se reinvente, utilize as ferramentas de ouro para promover as relações saudáveis.

CONCLUSÃO

As relações humanas são a maior fonte de alegria do ser humano, mas se mal construídas podem ser a maior fonte de estresse e angústia. Devemos edificar relações inteligentes com os outros, mas também conosco. Temos de superar a solidão social, dialogar, se entregar, se reciclar, mas precisamos também superar a solidão intrapsíquica, aprender a ser autor da nossa própria história, nos interiorizar, domesticar nossos fantasmas psíquicos, gerenciar nossa ansiedade. A pior dor de cabeça de um ser humano é se relacionar mal consigo, sofrer por antecipação, cobrar-se excessivamente, não saber se perdoar, trair sua cama, seu descanso, finais de semana, férias. Você trai sua qualidade de vida?

Quem não se relaciona bem consigo não se relacionará bem com seu parceiro ou parceira. Quem cobra demasiadamente de si, cobrará de forma injusta ao seu cônjuge. Quem não dá risadas de vez em quando da própria estupidez e incoerência, não será relaxado na relação com quem ama, será rígido, mentalmente engessado. Quem não tem um romance com sua saúde emocional, não investirá na felicidade e qualidade de vida de quem escolheu para dividir sua história. Quem é um perito em reclamar, não conseguirá contemplar o belo nem fará da relação um espetáculo de prazer.

Se aprendêssemos e praticássemos 20% das ferramentas socioemocionais de ouro, a relação entre casais, pais e filhos, professores e alunos e entre colegas de trabalho jamais seriam as mesmas. Mas, pelo andar da carruagem social, pelos baixos níveis de formação do Eu como gestor da mente humana, as tão famosas palavras "felicidade", "saúde emocional", "tranquilidade" e "mente livre" estarão cada vez mais nas páginas dos dicionários, mas muito pouco nas páginas da nossa história.

Por isso, no livro *Petrus Logus e o Guardião do Tempo*, uma aventura juvenil, demonstro que o futuro da humanidade não é um céu de brigadeiro. Jovens se conectam no mundo todo com os outros nas redes sociais, mas não sabem se conectar consigo. Não protegem sua emoção, se abandonam, apesar de viverem em sociedade. Para diminuir as tempestades que se abaterão sobre as sociedades modernas é fundamental ensinar essas ferramentas de ouro para a juventude mundial. Você está apto para ensiná-las como na obra *Petrus Logus*?

Não há romances acabados, mas romances em evolução. Casais extremamente amorosos podem falir e casais falidos podem se reconstruir. Posicionar-se como eternos alunos para aprender o alfabeto da emoção e as ferramentas de ouro faz toda a diferença. Sem aprendê-las, ainda que intuitivamente, os casais podem ter a maior paixão do mundo, mas não estarão isentos de pouco a pouco relacionarem-se pelo fenômeno bateu-levou, conformismo, imediatismo, ansiedade. Neste caso, não deixarão um legado emocional, mas viverão à sombra de um amor maravilhoso no passado, porém esfacelado no presente.

CONCLUSÃO

Nunca devemos nos esquecer que casais inteligentes se amam com atitudes e não apenas com palavras. E por isso têm com frequência pelo menos seis comportamentos ao longo da vida. Recordando:

1. Quando eu decepcionei você e não soube?
2. O que eu devo fazer para tornar você mais feliz?
3. Como posso irrigar mais os seus sonhos?
4. Como posso contribuir com sua autoimagem e sua autoestima?
5. Desculpe-me, eu falhei.
6. Obrigado por você existir e participar da minha história.

Muitos consertam as trincas da parede, mas não as imensas rachaduras do romance. Não suportam ver uma torneira vazando que procuram repará-la, mas não percebem que o amor está se esgotando. Ficam incomodados com um pequeno barulho do motor do seu carro, mas não se perturbam com os ruidosos barulhos advindos das críticas, atritos, agressividades, entre si. Preocupam-se com o comum, mas se esquecem do fundamental.

Muitos fazem um *check-up* médico para saber como andam seus níveis de colesterol, triglicérides, função cardíaca, hepática e renal. Mas não fazem um *check-up* emocional para detectar como estão suas relações mais caras. Entram em pânico quando o coração físico tem qualquer tipo de arritmia, mas não se perturbam que seu amor esteja arrítmico ou enfartando.

Casais desinteligentes são máquinas de trabalhar, vivem ansiosos, querem tudo rápido e pronto, não elaboram suas experiências. Gastam energia cerebral vital com pequenos problemas, com atritos tolos. Vivem debaixo do cárcere do circuito fechado da memória. Não se reinventam, não têm foco.

Casais saudáveis investem no futuro socioemocional do romance. Têm uma meta de ouro: cuidar carinhosamente do bem-estar um do outro. Planejam suas férias, descanso, lazer, relaxamento, momentos solenes. Não lutam para ser os mais ricos de um cemitério, mas para ter o mais prazeroso romance enquanto estão vivos. Não desperdiçam sua energia biopsíquica com acusações. Seu alvo não é vencer as discussões, mas encontrar soluções e, em destaque, ganhar o coração um do outro. São fontes de inspiração e motivação. Não sabotam quem amam.

Nunca esqueça que a grande maioria dos casais de todos os povos e culturas não destrói seus romances porque não iniciou sua história com amor, mas porque seu amor não foi irrigado diariamente com doses generosas de inteligência. O céu ou o inferno emocional dos romances não dependem apenas do ponto de partida, mas principalmente das escolhas que fazemos ao longo da jornada... Mas é bom sempre lembrar que todas as escolhas trazem algumas perdas. Ninguém é digno de conquistar relações saudáveis e felizes se não estiver preparado para perder o trivial...

REFERÊNCIAS BIBLIOGRÁFICAS

ADLER, Alfred. *A ciência da natureza humana*. São Paulo: Editora Nacional, 1957.

COSTA, Newton C. A. *Ensaios sobre os fundamentos da lógica*. São Paulo: Edusp, 1975.

CURY, Augusto. *Ansiedade: como enfrentar o mal do século*. São Paulo: Saraiva Editora, 2013.

_____. *Armadilhas da mente*. Rio de Janeiro: Arqueiro, 2013.

_____. *O código da inteligência*. Rio de Janeiro: Ediouro/Thomas Nelson, 2009.

_____. *O colecionador de lágrimas*. São Paulo: Planeta do Brasil, 2012.

_____. *Felicidade roubada*. São Paulo: Benvirá, 2014.

_____. *Inteligência multifocal*. São Paulo: Cultrix, 1999.

DESCARTES, René. *Discurso do método*. Brasília: Editora da Universidade de Brasília, 1981.

DURANT, Will. *História da filosofia*. Rio de Janeiro: Nova Fronteira, 1996.

FREUD, Sigmund. *Obras psicológicas completas de Sigmund Freud*. Rio de Janeiro: Imago, 1969.

_____. *Os pensadores*. Rio de Janeiro: Nova Cultural, 1978.

FROMM, Erich. *Análise do homem*. Rio de Janeiro: Zahar, 1960.

FRANKL, Viktor E. *A questão do sentido em psicoterapia*. Campinas, SP: Papirus, 1990.

GARDNER, Howard. *Inteligências múltiplas*. Porto Alegre: Artes Médicas, 1995.

GOLEMAN, Daniel. *Inteligência emocional*. Rio de Janeiro: Objetiva, 1995.

HUSSERL, Edmund. *La filosofia como ciencia estricta*. Buenos Aires: Editorial Nova, 1980.

JUNG, Carl G. *O desenvolvimento da personalidade*. Petrópolis: Vozes, 1961.

KANDEL, Eric R.; SCHWARTZ, James H.; JESSELL, Thomas M. *Essentials of Neural Science and Behavior*. Stanford, Connecticut: Appleton & Lange, 1995.

KAPLAN, Harold I.; SADOCH, Benjamin J.; GREBB, Jack A. *Compêndio de psiquiatria*: ciência do comportamento e psiquiatria clínica. Porto Alegre: Artes Médicas, 1997.

SAIKALI, Carolina J. et al. Imagem corporal nos transtornos alimentares. *Revista de Psiquiatria Clínica*, São Paulo, v. 31, n. 4, p. 165, 2004.

SARTRE, Jean-Paul. *O ser e o nada* – Ensaio de ontologia. Petrópolis: Vozes, 1997.

ESCOLA DA INTELIGÊNCIA

Você deixaria seus filhos sem receber vacinas contra a pólio, a tuberculose, o sarampo, etc.? Todo pai responsável jamais deixaria. Mas o que você está fazendo para prevenir transtornos emocionais neles? E se houvesse um programa para a prevenção e o gerenciamento de ansiedade, fobias, insegurança, timidez, indisciplina, pessimismo, para as crianças e adolescentes? Você se preocuparia em conhecer e aplicar tal programa? Você tem ideia das graves consequências e dos custos altíssimos de um tratamento psiquiátrico e psicológico?

Agora existe um programa, chamado Escola da Inteligência (EI) que se preocupa não apenas com a prevenção de transtornos psíquicos, mas estimula as funções mais importantes da inteligência socioemocional do seu filho, como pensar antes de reagir, colocar-se no lugar dos outros, proteger a emoção, trabalhar perdas e frustrações, a resiliência, o altruísmo, a disciplina, a liderança, o raciocínio e as ferramentas de ouro das relações saudáveis. Não é um programa infalível, mas ficamos comovidos com os surpreendentes resultados. Frequentemente melhora a interiorização, a agitação emocional, a concentração, o raciocínio global, o rendimento intelectual. O Dr. Augusto Cury, idealizador do programa, o desenvolveu com sua equipe de pedagogos e psicólogos. Centenas de escolas o estão adotando. O Dr. Cury renunciou aos direitos autorais para que tenha um custo mais acessível a todos os alunos. Muitos países estão interessados em aplicá-lo.

Reúna-se com o diretor e coordenador da escola do seu filho e peça para que ele conheça o mais rápido possível o programa EI. Ele se insere na grade curricular, uma aula por semana, e é muito fácil de ser aplicado. Não basta que as crianças e adolescentes aprendam milhões de dados sobre o mundo físico, a matemática, a química e outras matérias. Nem basta que eles tenham noção geral dos valores, como honestidade e ética. O Eu deles precisa aprender a ser autor da sua história. Para ter a mente livre e a emoção saudável no presente e conquistar o sucesso profissional no futuro é fundamental desenvolver as habilidades socioemocionais.

Por favor, entre em contato conosco:
contato@escoladainteligencia.com.br
www.escoladainteligencia.com.br
Fone: (16) 3602-9420

NOTA RELEVANTE

O Instituto Augusto Cury, que promove cursos para crianças, adolescentes e adultos sobre qualidade de vida, prevenção de ansiedade, habilidades socioemocionais para a excelência profissional, regras de ouro para a formação das relações saudáveis, bem como matemática inteligente e outros, tem o prazer de anunciar que está aberta a temporada de franqueados. Se você sonha em ter uma carreira de sucesso e quer contribuir com uma sociedade mais saudável e inteligente, informe-se e candidate-se.
    www.institutoaugustocury.com.br
    contato@institutoaugustocury.com.br

Conheça algumas das unidades do Instituto Augusto Cury:

Recife (PE)
Rua Dhalia, nº 211
Bairro: Boa Viagem – CEP: 51020-290

São Paulo (SP)
Shopping West Plaza – Francisco Matarazzo, s/nº
– Bloco C/Piso 5
Bairro: Água Branca – CEP: 05003-100

Natal (RN)
Rua Souza Pinto, nº 1.138
Bairro: Tirol – CEP: 59022-260

Ribeirão Preto (SP)
Rua Itacolomi, nº 750
Bairro: Alto da Boa Vista – CEP: 14025-250

Augusto Cury é psiquiatra, psicoterapeuta, cientista e escritor. Sua obra, composta de 50 livros, entre ficção e não ficção, está publicada em 70 países e vendeu mais de 30 milhões de exemplares somente no Brasil. Autor da Teoria da Inteligência Multifocal, que estuda as habilidades socioemocionais, a formação do Eu, os papéis da memória e a construção dos pensamentos. É um dos poucos pensadores vivos cuja teoria é objeto de estudo em cursos de pós-graduação mundo afora. Cury desenvolveu o programa Escola da Inteligência para ser introduzido na grade curricular, com enfoque na educação da emoção e da inteligência.

Contatos com o autor:
facebook.com/augustocuryautor
www.escoladainteligencia.com.br
www.institutoaugustocury.com.br
twitter.com/augustocury
contato@augustocury.com.br

**Acreditamos
nos livros**

Este livro foi composto em Berkeley Oldstyle e
impresso pela Geográfica para a para a Editora
Planeta do Brasil em janeiro de 2020.